嘉定双名工程

嘉定区第

U0603274

智能机器人课程

开发与实践

严安东 著

上海教育出版社
SHANGHAI EDUCATIONAL
PUBLISHING HOUSE

图书在版编目（CIP）数据

智能机器人课程开发与实践 / 严安东著. — 上海：
上海教育出版社，2024.3
ISBN 978-7-5720-2530-3

Ⅰ.①智… Ⅱ.①严… Ⅲ.①智能机器人－教学研
究－中小学 Ⅳ.①G633.932

中国国家版本馆CIP数据核字(2024)第052078号

责任编辑　汪海清
封面设计　周　吉

智能机器人课程开发与实践
严安东　著

出版发行　上海教育出版社有限公司
官　　网　www.seph.com.cn
地　　址　上海市闵行区号景路159弄C座
邮　　编　201101
印　　刷　上海普顺印刷包装有限公司
开　　本　700×1000　1/16　印张 11.25
字　　数　200 千字
版　　次　2024年5月第1版
印　　次　2024年5月第1次印刷
书　　号　ISBN 978-7-5720-2530-3/G·2223
定　　价　58.00 元

如发现质量问题，读者可向本社调换　电话：021-64373213

总　序

　　嘉定区教育系统"名师名校长"培养工程至今已经圆满走过了五届。多年来，依托培养工程，持续发挥区域名师名校长的引领、辐射和示范作用，致力培养一批师德高尚、教学与管理特色鲜明，在全区乃至全市有影响力的优秀人才，为建设高素质专业化创新型教师队伍，推进教育高位均衡发展提供有力保障。

　　一流的教育需要一流的人才。"双名工程"牢牢把握"人才是第一资源、创新是第一动力"的要义，将"成才"放在首位，一批具有教育情怀、仁爱之心、专业追求的工作室主持人以其人格魅力和教育智慧给学员以精神滋养，成为带动全区教师与校长成长成才的第一资源。与此同时，"双名工程"强调"成事"并重，通过打造基于共同愿景的学习共同体，激励教师与校长立足教育实践场域开展研习，创新解决教学和管理难题。由此，"成才"与"成事"相辅相成，理论与实践紧密结合，形成了螺旋式上升发展，为更好建设"名师名校长"培养工程提供了诸多宝贵经验。

　　一是遵循人才成长规律。"双名工程"分设特级教师与特级校长工作室、学科带头人学科高地和学科基地共 96 个。根据实际，以不同的目标和内容，分层培养优秀骨干教师、学科新星和青年教师，更加注重系统设计、分层培养，并聚合国内外最优质资源，统整多方力量，协力支持项目的高质量运行。既创新了高端教育人才的培养模式，又形成了系统的、相互衔接的后备教育人才储备与培养体系。

　　二是创新提升核心素养。学科核心素养是育人价值的核心体现，有助于学生形成正确的价值观、必备品格和关键能力，是新时代教育改革的要求。"双名工程"注重激发教师和校长的创新积极性，将培育学生核心素养作为课堂教学改革的重中之重。工作中，由浅入深地分解学科核心素养的内容和层次，提高认知；由表及里地改革教学方法，培养学科能力和核心素养；由此及彼地开展跨学科主题活动和项目化学习，创新培养学生学习方式。这种协同教学机制有助于教师综合素养的提升，同时也为学生提供了更全面的学习支持。

三是搭建人才展示平台。教育是动态生成的，为此，我们构建了更开放、更宽广的平台。"双名工程"坚持从实践中来、反思实践、服务实践的理念，形成了特有的、开放的学科文化交流圈，如教学和管理论坛、教学公开课、学术研讨会、区际交流会、发表论文、出版专著等，促进教师与校长在更高层面思考和解决问题，有力地推动专业进步，也提高了嘉定教育的影响力。

四是形成培养评价体系。培养工程借鉴了"教学研评一体"观点，从教师教学和校长管理出发，把学习作为过程，突出学以致用，再回到出发点评价教师与校长的变革，由此融合为一体。"教学研评一体"既重过程性评价，又重结果性评价，既有评价量表，又有评价描述，较好地解决了培养评价难题，保证了培养工程的顺利进行，具有创新意义。

第五届"双名工程"历时三年，硕果累累，各团队将实践上升为理论，梳理和提炼了一批优质成果，此次成果书系由上海教育出版社集结出版，可喜可贺。今天，当我们在为一件事做总结的时候，也就意味着又一件事的开始。衷心希望，成果书系能够发挥积极作用，给予教师与校长更多前瞻性的启示；更加希望，新一届培养工程继续砥砺前行，传承发展，为嘉定教育高质量发展再献力量！

上海市嘉定区教育局局长

祝文洁

2024 年 2 月

序

当今世界，国与国之间的竞争，某种程度上就是科技实力的比拼。科技创新与发展离不开拔尖人才的倾力研究与攻关，而教育则是人才培养的必由之路。改革开放以来，我国高度重视科技人才的自主培养。党的二十大首次将教育、科技、人才进行一体化部署，进一步明确了三者的战略地位。与此同时，针对基础教育改革，习近平总书记多次强调要做好科学教育加法，教育部等十八部门发布了《关于加强新时代中小学科学教育工作的意见》，凸显了教育在三位一体战略中的基础性作用。

最新修订的普通高中和义务教育信息技术（科技）课程标准中，提出要培养学生的创新意识和实践能力，课程内容则更多聚焦于人工智能领域发展的理念、技术和原理。那么，如何落实课标要求，就成为课程改革的关键一环。今天我欣喜地看到，安东老师及其团队基于学生科技创新素养的培育，长期致力于智能机器人课程的开发与实施，为科技人才的早期培养先行探索实施方法与操作路径，实为难得！

细读本书，我们能较为清晰地感受到安东老师对于智能机器人课程的理性思考与实践逻辑的基本脉络。

其一，通过"做中学、用中学、创中学"的课程思路，激发学生的兴趣，挖掘学生的潜能。该课程通过案例，鼓励学生使用各类传感器给机器人提供感觉器官，利用可编程的智能控制芯片充当机器人的大脑。学生经过编写逻辑程序来赋予机器人智慧，最终设计出一款专属于自己的机器人。

其二，通过"问题导向、素养为本"的实施策略，更好地聚焦学生的成长，培养关键能力。课程实施时，学生通过基于问题的项目活动，逐步掌握规范、科学的研究方法，通过体验合作分享机器人的设计、搭建和探究的过程，有效促进学科知识的内化及学科思想方法的迁移，进而提升学生发现、分析与解决问题的能力。

其三，通过"顶层设计、分层递进"的内容设计，最大限度地尊重学生差异，开展个性化教学。该课程针对不同学习阶段学生的认知状态，设计了基础、进阶、综合三类项目。基础项目适合初学者，对机器人有初步的了解，激活学生思维；进阶项目是基于基础项目的整合与拓展，结合基础项目实践的经验，引导学生运用所掌握的知识与技能完成进阶项目的制作和调试，将理论转化为实践；综合项目则通过挑战性任务的解决，激发学生持续性探究的热情，形成自我认知。

纵观全书，不难发现，智能机器人课程将"学生发展"作为核心指向，内容上体现了问题解决过程的挑战性和递进性；方法上体现了基于真实问题情境，将"学技术"转化为"用技术"，继而"创新技术"，努力引导学生实现对科学本质的探寻。

当然，本书的价值不仅在于课程成果本身，而是让我们坚定了一种信念："双新"课程的落实必须依靠一线教师的创新实践。一方面，通过适合学生特点的多样态课程的学习，激发学生对未来智能时代的美好憧憬；另一方面，教师则以研究作为实践的基础，不断提升自身的学习力、研究力和实践力。这大概就是一直所倡导的师生共同成长的学习与研究共同体应有的模样吧！

感谢安东老师让我们见到了课程实践的力量，同时也期待在信息技术课程实施的探索道路上有更多具有时代性、实践性和前瞻性的成果涌现。

上海市实验学校副校长，特级教师，正高级教师，博士生导师

写于甲辰年立夏

Content 目 录

1 智能机器人课程概述

2023 年 5 月，教育部等十八部门发布《关于加强新时代中小学科学教育工作的意见》，指出应着力在教育"双减"中做好科学教育加法，一体化推进教育、科技、人才高质量发展。智能机器人教育作为中小学科普教育的重要内容和科技创新能力培养的重要载体，已经成为未来创新人才培养的一个主阵地。

1.1 智能机器人课程的现状与问题

智能机器人课程与教育部颁布的 2003 年版《普通高中技术课程标准（实验）》中的"算法与程序设计""人工智能初步"两个模块以及《普通高中信息技术课程标准（2017 年版 2020 年修订）》中的"人工智能初步""开源硬件项目设计"等模块的知识具有相当的吻合度。可以说，智能机器人课程是相关模块知识的整合与拓展。

在《普通高中技术课程标准（实验）》中，人工智能初步是信息技术课程五大选修模块之一，如图 1-1-1 所示。

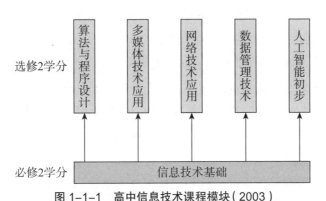

图 1-1-1　高中信息技术课程模块（2003）

在《普通高中信息技术课程标准（2017 年版 2020 年修订）》中，高中信息技术课程由必修、选择性必修、选修三类课程组成。其中选择性必修课程包括人工智能初步、开源硬件项目设计等六个模块，见表 1-1-1。

表 1-1-1　高中信息技术课程结构（2017）

类别	模块设计	
必修	模块 1：数据与计算 模块 2：信息系统与社会	
选择性必修	模块 1：数据与数据结构 模块 2：网络基础 模块 3：数据管理与分析	模块 4：人工智能初步 模块 5：三维设计与创意 模块 6：开源硬件项目设计
选修	模块 1：算法初步 模块 2：移动应用设计	

　　学生对智能机器人的开发实践也是充满了兴趣和好奇，能创造一个属于自己的机器人是多数学生的梦想。智能机器人课程的开设能让学生适应时代发展的需求，及时接触新科技，了解新科技，掌握可持续发展所需要的知识和技能。这也是提前布局人工智能创新人才培养，推动教育强国战略实施的一个重要起点。所以，以普及智能控制知识、培养创新思维能力为目标，以实践操作为重点的智能机器人课程有很大的开设和推广价值。

　　近年来，越来越多的学校尝试开展机器人活动，开发机器人相关课程。中学机器人相关教育取得了很大的发展，然而，在发展的过程中也发现了一些问题与矛盾。

　　首先，机器人产品是进行教学实践的主要载体，学校一旦采用了某企业生产的机器人，一般进行的是对某一特定产品的机器人教育，而企业设计和销售的机器人产品缺少对学生能力培养的思考，从而导致在教育领域的应用上无法培养学生知识迁移和融会贯通的能力。他们只会"玩"这一个产品，一旦接触了另一个产品，往往束手无策，同时教育内容缺乏连贯性、系统性与权威性。

　　其次，各级各类机器人比赛吸引了学校、家长的目光，很多学校过多过重地关注机器人比赛，反而忽略机器人教育本身。一些学校把机器人教育局限地看作参加各项机器人比赛，简单地将竞赛获奖等同于机器人教育的成绩，这样的机器人教育偏离了机器人课程育人的初衷。

　　再次，机器人相关技术的迭代和更新速度非常快，无论是软件方面还是硬件方面，都需要教师根据变化经常性地对课程内容进行调整和修改，但是现有的机器人课程的内容多数缺乏灵活性。

　　可见，机器人教育中没有相应的教育理念，简单地针对某一比赛项目培训等现象,其实已经背离了培养学生动手实践能力、创新能力的初衷。这样的课程与素质教育提倡的素养培养目标背道而驰,对机器人教育的未来发展产生消极的影响。因此,教师要从未来人才培养的视角,高度认识智能机器人课程的意义和价值,围绕以下几个方面深入研究并加以完善。

第一,教师需要注重机器人领域的前沿知识研究,重视学生在机器人领域的专业知识积累。

第二,基础教育需有效对接高校人才培养的需求,对接社会的需求,教师需要思考如何为社会培养合格的数字公民,为高校教育与行业发展选才、育才提供基础培养服务。

第三,教师需要思考什么样的课程既能符合学生认知特征又能激发学生更深层次的学习需求。

1.2　智能机器人课程的设计与规划

课程的设计需要从学生发展出发，整体规划，系统设计，从确定目标开始，遵循一定的方法与逻辑，整合知识，统筹安排提升学生素养的知识和技能脉络，从而构建适合学生的项目。

一、确定目标

针对智能机器人教育仅仅关注技能使用的现象，做课程设计之前，教师需要全面分析学科的核心素养，围绕"我们需要培养什么样的学生？学生需要什么样的课程？"等问题确定课程目标。

我们处在一个飞速发展的时代，今天的中学生以什么样的能力、什么样的姿态面对未来世界的挑战，很大程度上取决于我们给他们什么样的培养。学生需要的应该是能帮助他们学会探索未来，培养面对未来的能力的课程，在课程的学习过程中形成创新思维，为他们将要面对的世界做好准备。

基于此，智能机器人课程的目标是给学生提供可想象可探索的空间，引导学生综合运用广泛的知识去思考问题、分析问题，从而形成解决各种实际问题的方案和策略，通过知识整合、经验整合、能力整合，完成从理论到实践、从感知到应用、从应用到创新的迁移，由知识的表层走进深层，发现并热爱学科之美，充分发挥智能机器人课程的育人价值和德育功能。

（1）了解智能机器人的概念、硬件结构，了解智能机器人传感器和执行装置的功能以及控制过程，了解机器人领域的发展和应用，激发对智能机器人技术的学习兴趣。

（2）了解机器人控制的程序设计与编写，通过对机器人程序设计的不断优化，提高逻辑思维能力以及用计算思维解决问题的能力。

（3）在机器人项目的设计实施过程中，主动运用不同的方式获取信息，建构解决问题的方案和策略，同时灵活运用、触类旁通，勇于实践创新。

（4）关注机器人发展过程中的人文问题，感受技术的价值，理性分析人、社会与技术的关系。

二、整合内容

传统的智能机器人课程设计一般按照以下四方面逐步展开。

（1）机器人技术基础知识：主要包括机器人的定义、发展历程以及在现实生活中的应用等内容。

（2）机器人硬件：结合学校引进的机器人产品，学会搭建机器人，了解机器人的机械结构及原理。

（3）机器人软件：即机器人编程，学会编写简单的程序，或通过原有程序的改编，完成学习中要求的任务。

（4）机器人的简单应用：组合所学的机器人硬件和软件知识，完成如机器人巡线、机器人走迷宫等相关任务。

以上课程内容的呈现方式全面、规范，但难以让学生保持持久的兴趣。素养导向的学生培养观念需要我们关注以学生为主体的探究，课程内容的设计需要围绕"以学生发展为本"的理念开展。中学生的认知特点是其思维能力逐渐从形象思维向逻辑思维过渡，辩证逻辑认知能力不断完善，并且认知活动的自觉性明显增强。因此，课程设计既要注重学生对理论知识的学习和掌握，也要注重学生实际解决问题能力的提高。

智能机器人课程涵盖计算机编程、电子电路、机械设计等多学科的知识，而其中每一个学科都是知识体系非常庞大的成熟学科。我们从学生角度出发，由整体到局部，分析智能机器人涉及的知识内容，再重新进行组合，形成项目。

从智能机器人的结构分析可知，智能机器人一般由传感部分、控制部分、机械部分三部分构成，如图 1-2-1 所示。传感部分主要包括各种传感器，是机器人探索周边环境的工具，类似人的眼、耳、口、鼻等五官；控制部分主要就是控制器，类似于人的大脑，负责分析传感部分搜集到的环境数据，计划行动；机械部分主要包括机械本体和驱动器。

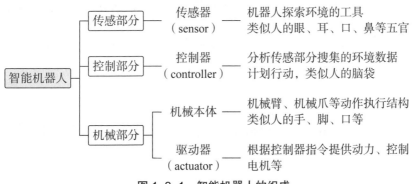

图 1-2-1　智能机器人的组成

传感部分、控制部分、机械部分都包含着丰富的内容，如传感器就可以分为基于红外技术的传感器、基于超声技术的传感器、基于激光技术的传感器等，驱动器包含电机、舵机等驱动装置。

在设计机器人机械结构时，又会涉及物理学等知识，由此我们可以梳理出如图1-2-2所示的知识点结构图。

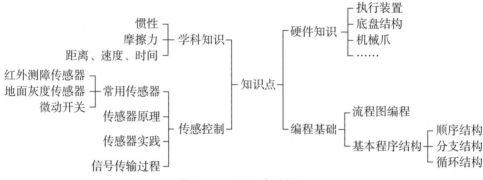

图1-2-2　知识点结构图

在有限的课时内，我们不可能面面俱到地把这些知识全部教授给学生；即便全部教授，学生也难以全盘接受，而事实上，我们也没必要把这些知识一一讲透。

教师以传感部分、控制部分、机械部分为基础，选择合适的关键内容，也即学生可接受、可理解、可挑战的，符合认知水平的核心、起关键作用的智能机器人内容，结合素养培养目标，将这些关键内容进行排列组合，构建学习项目。项目内容力求具备代表性、典型性，反对面面俱到。在每个项目中，渗入技术的应用、技术的内部原理、技术运作原理，并进一步讨论技术提升路径，以及伦理道德与责任意识。教师采用"以项目实践为主线，在实践过程中讲解新知"的教学方法，引导学生在项目的实践中潜移默化地去了解新知，掌握新知，并能迁移应用。通过典型项目的"个"，举一反三去掌握该项目的"类"，再通过项目的"类"来掌握该项目所蕴藏的规律，继而思考相应的世界观和方法论，培养学生的关键能力和必备品格。

这样呈现的课程内容，学生易于感知、理解和迁移。

三、构建项目

教师整合知识，结合生活实际，创设问题情境，构建基础项目、进阶项目、综合项目三个层次的设计内容，满足不同阶段的学习者的需求。

基础项目：在每个项目中，关注知识和技能的内容，实现教学内容的均衡化，激活思维。

进阶项目：基于基础项目的整合与拓展，学生结合基础项目实践的经验，运用所掌握的知识完成进阶项目的制作和调试，将理论向实践迁移。

综合项目：激发学生主动学习，带着问题进一步思考，归纳学科知识和活动经验，同时鼓励学生对已有项目进行改进、创造，在实践中激发学生的创造意识。

通过这三个不同层次的项目循序渐进的实践，学生尝试采用多种方法在真实问题的情境中努力探寻科学的本质，从而形成对新知识的探究以及将所学知识、已有经验有效应用于新环境的能力。这是一个从模仿到改进再到创造，最终能创造性地解决实际问题的过程。

② 基础项目设计示例

基础项目的设计需要选择合适的关键内容。学生通过基础项目的实践，掌握机器人设计的一般程序和基本技能，同时激发好奇心及参与意识，提升核心素养。

2.1 让机器人动起来

在日常生活中，经常可以在餐厅或者宾馆看到送餐机器人（见图 2-1-1）。一般来说，像这种可以自行移动的机器人都属于轮式移动机器人。轮式移动结构因为其结构简单、运动灵活、承载能力大等特点而得到广泛应用，是移动机器人中最流行的一种运动结构。那么，我们就来探究一下，如何设计轮式移动机器人，让我们的机器人动起来。

图 2-1-1 轮式送餐机器人

一、项目设计意图

如果让机器人像人一样用双腿"走"起来，机器人在运动过程中会因为其重心的不断变化而难以保持平衡。对于初学者，我们先让机器人不完全模仿人的走路方式动起来，而是让机器人像汽车一样用轮子来移动。

通过这个项目的实践可以了解以下知识。

机械部分——

电机的概念以及分类；

机器人常用的电机类型。

控制部分——

编程软件模块的使用方法；

算法的概念；

顺序结构的概念和使用方法。

知识延伸——

影响机器人行为的因素，比如惯性和摩擦力；

机器人的驱动装置。

二、项目内容

任务 1：机器人向前直行 2 秒后停下。

任务 2：机器人直行 2 秒后，向右转弯 90 度，再直行 2 秒后停下。

三、项目解决方案

1. 知识锦囊

（1）什么是算法

想一想：要把大象放进冰箱里，需要几个步骤呢？

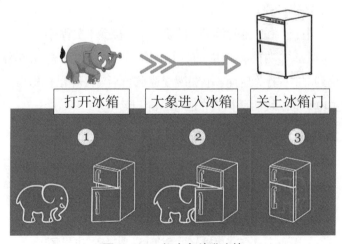

图 2-1-2　把大象放进冰箱

广义地讲, 算法是在有限步骤内求解某一问题所使用的步骤和方法。

打开冰箱门、让大象进入冰箱、关上冰箱门, 这三个步骤解决了如何将大象装入冰箱的问题, 即这三个步骤形成了一个算法。

（2）算法基本控制结构——顺序结构

顺序结构是最简单的, 也是最常用的程序结构。

顺序结构是一种自上而下, 按先后顺序依次执行算法中各个步骤的结构。

（3）主电机模块和延时模块的属性设置

在主电机模块的属性设置中, 可以设置左右电机的转动功率数值, 也就是说可以控制左右电机和轮胎的转动速度。在延时模块中则可以设定时间, 也就是说让机器人执行前面行为动作的时间长度。

控制机器人进行移动时, 可以根据速度、时间和距离的关系进行计算, 确定主电机和延时时间的数值。在这个过程中可能需要反复调试, 要有耐心。为了尽快确定合适的数值, 大家在调试过程中可以记录下每次设置的数值。

2. 项目解决思路

为机器人安装两个电机, 分别位于机器人前面两个轮胎的位置。通过电机转动可以带动轮胎转动, 通过调整左右两边电机的转动速度, 可以实现机器人直行和转弯。

假设左侧电机编号为 1, 右侧电机编号为 2。当电机 1 和电机 2 转动速度一样时, 机器人直行; 当电机 1 转动速度大于电机 2 时, 机器人右转; 当电机 1 转动速度小于电机 2 时, 机器人左转。

3. 项目实施

（1）任务 1 操作步骤

A. 新增"主电机"和"延时等待"模块, 并连接到"主程序"

① 单击选择基本功能模块中的"主电机"模块, 在编辑区单击鼠标, 拖动"主电机"模块到"主程序"后面, 小圆圈变成蓝色后, 松开鼠标即可。

② 在"主电机"模块后面插入"延时等待"模块。

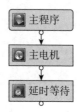

图 2-1-3 "主电机""延时等待"连接到"主程序"

B. 修改"主电机"和"延时等待"模块的属性

在"主电机"模块的属性框中,我们可以将"电机 1"和"电机 2"的数值分别设置为 280。

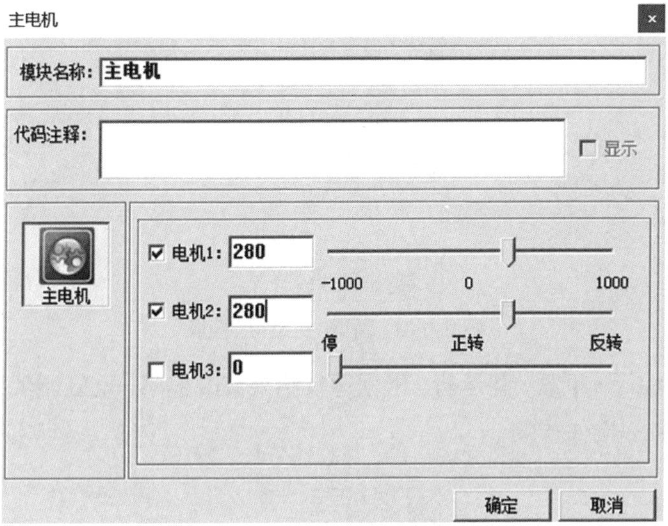

图 2-1-4 "主电机"模块属性框

在"延时等待"模块的属性框中,我们可以将"延时时间"的数值设置为 2 秒。

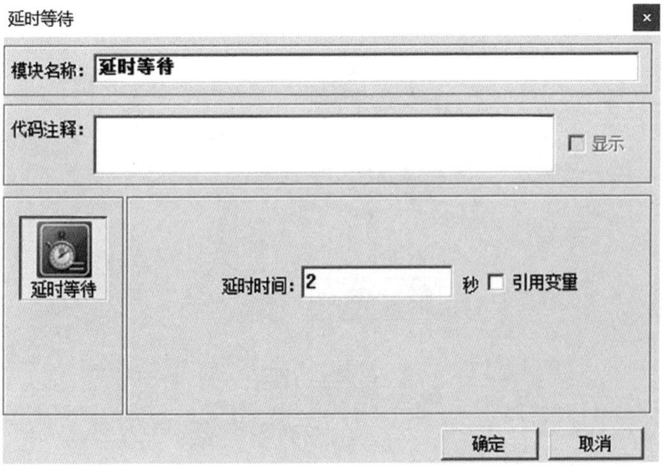

图 2-1-5 "延时等待"模块属性框

将程序下载到机器中,就可以让机器人动起来了。不过你会发现,它并不会自己停下来。怎么办呢?请继续下面的操作。

C. 新增"主电机"模块

为了使机器人能够停下来,我们还需要在程序的结尾加上另外一个"主电机"模块,并且设置其速度为0。

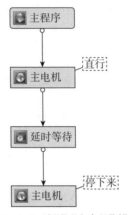

图 2-1-6　新增"主电机"模块

D. 程序编译／下载,并运行,根据运行结果修改程序,反复调试

(2)任务 2 操作步骤

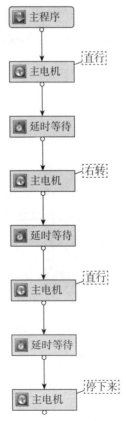

图 2-1-7　任务 2 参考程序

A. 新增"主电机"和"延时等待"模块，并修改属性

① 打开"主电机"模块属性框，设置左右电机的数值，比如（280, 280）。

② 打开"延时等待"模块属性框，设置延时时间的数值为2。

B. 新增"主电机"和"延时等待"模块，并修改属性

① 打开"主电机"模块属性框，设置左右电机的数值，比如（280, -280）。

② 打开"延时等待"模块属性框，设置延时时间的数值为2。

C. 新增"主电机"和"延时等待"模块，并修改属性

① 打开"主电机"模块属性框，设置左右电机的数值，比如（280, 280）。

② 打开"延时等待"模块属性框，设置延时时间的数值为2。

D. 新增"主电机"模块，并修改属性

打开"主电机"模块属性框，设置左右电机的数值均为0。

E. 程序编译/下载，并运行，根据运行结果修改程序，反复调试

四、拓展与延伸

1. 拓展练习

尝试让机器人走出一个正方形轨迹。

2. 知识延伸

（1）惯性

惯性是物体的一种固有属性，是物体保持静止状态或匀速直线运动状态的性质，是一种抵抗的现象。惯性的大小与物体的质量有关，质量越大，惯性越大。

（2）摩擦力

摩擦力是阻碍物体相对运动或相对运动趋势的力。摩擦力分为静摩擦力、滚动摩擦力、滑动摩擦力三种，摩擦力的方向与物体相对运动或相对运动趋势的方向相反。

（3）机器人的驱动装置

机器人的驱动装置是让机器人的执行机构运动的装置。机器人使用的驱动装置主要由电机以及动力电池两部分组成，通过电池提供动能量驱使电机等装置运转，从而带动机器人动起来。

（4）电机

电机是将电能转换成机械能的设备，俗称"马达"（motor）。制作机器人常用的电机有直流电机、伺服电机、步进电机。

图 2-1-8　驱动元件

图 2-1-9　双轴输出电机

图 2-1-10　伺服电机

2.2 机械爪设计

在日常生活中有一些角落或者偏僻的地方，人类的双手不容易触达，通常我们会利用一些爪子之类的辅助工具来帮助我们去拿取东西。那么我们是否可以设计一个机器人，让机器人代替我们去完成抓取物品的操作呢？这个项目我们就来设计一个可以帮助人们在各个地方抓取物品的机械爪。

一、项目设计意图

机械爪可以用来抓取和放下物块，机械爪的设计包括机械爪的搭建以及控制两部分。通过这个项目的实践可以了解以下知识。

机械部分——

结构件的单位；

齿轮的相关知识；

传动原理和转动的方向；

杠杆原理；

舵机的使用及参数调节；

舵机使用的注意事项。

控制部分——

编程软件模块的使用方法；

流程图的基本逻辑结构；

顺序结构的概念和使用方法。

知识延伸——

舵机及转向控制原理；

机器人的"手"。

二、项目内容

任务 1：设计一个可以抓取和放下物品的机械爪。

任务 2：用控制器控制舵机的运动，使之能抓取物品。

三、项目解决方案

1. 知识锦囊

（1）结构件的单位

一般而言，在结构件上，我们认为"凸点"和"凸点"之间的一段长度是一个单位，根据结构件上有几个单位来确定名称。如一个轴的长度是五个单位，我们就把它叫作五号轴。

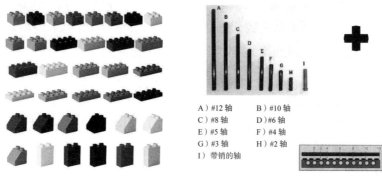

A）#12 轴   B）#10 轴
C）#8 轴   D）#6 轴
E）#5 轴   F）#4 轴
G）#3 轴   H）#2 轴
I）带销的轴

图 2-2-1　结构件单位

（2）齿轮

A. 齿轮的概念

齿轮是一种由轮体及轮齿圈组成的机械元件，由轮缘上的齿轮连续啮合传递动力带动运转，在传动结构和传动机器中被广泛使用。通过转动将一根轴上的动力传递给另一根轴，同时能改变另外一根轴的转速以及运转的方向。

B. 齿轮的传动原理

不同的齿轮有不同的轮齿规模，也即模数，而齿轮的传动原理就是两个相同模数的齿轮相互啮合，其中一个齿轮将动力传送给另外一个齿轮，从而完成动力传递。

齿轮传动是靠齿与齿的啮合进行工作的，当大齿轮带动小齿轮运动的时候转速比较快，比较省力。相反，当小齿轮带动大齿轮运动的时候转速比较慢，比较费力。

图 2-2-2　齿轮

C. 齿轮的转动方向

① 如果两个齿轮不互相啮合，则转动方向不定。比如齿轮组里面任意两个不啮合的齿轮的转动方向就很难确定，也许是同方向，也许是反方向。

② 两个齿轮互相啮合，分两种情况：

第一种是外啮合，也即两个齿轮转动方向相反的情况；

第二种是内啮合，也即两个齿轮转动方向相同的情况。

③ 锥形齿轮，也称为伞齿轮，如两个伞齿轮转动方向成为一定的角度，一般都是 90 度。

图 2-2-3　齿轮的转动方向

（3）舵机的概念

舵机是一种具备角度转动的执行部件。舵机多用于船舶、航天、模型等领域，以及其他许多工程和设备产品。

舵机种类很多，选用舵机时一般主要考虑舵机的扭矩大小。

图 2-2-4　舵机

（4）舵机的使用

我们可以通过对舵机参数的调节来控制舵机转动的角度。

在本项目中，控制器一共接受四个伺服舵机，通道 1—4 分别对应 IO3—6 接口。舵机值的范围为 0—3600，舵机的数值不要设计得太小或太大，这样容易造成舵机损害。如果想要舵机进行张开的行为，舵机的数值会比较大；进行闭合的行为，舵机的数值会比较小。一般会在舵机范围中间值的位置进行调试。

（5）杠杆原理

阿基米德曾说："给我一个支点，我就能撬起地球！"这运用的就是杠杆原理。

杠杆原理表明：如果要使杠杆平衡，那么作用在杠杆上的两个力矩大小相等。力矩为力与力臂的乘积，也即

$$动力 \times 动力臂 = 阻力 \times 阻力臂$$

如果用 F_1 表示动力，F_2 表示阻力，L_1 表示动力臂，L_2 表示阻力臂，那么要使杠杆平衡，则需满足：

$$F_1 \cdot L_1 = F_2 \cdot L_2$$

在以上式子中我们可以看到，如果动力臂（L_1）小于阻力臂（L_2），那么动力（F_1）大于阻力（F_2），则为费力杠杆；如果动力臂（L_1）大于阻力臂（L_2），那么动力（F_1）小于阻力（F_2），则为省力杠杆；如果动力（F_1）等于阻力（F_2），则为等臂杠杆。

杠杆原理也被称为"杠杆平衡条件"。

2. 项目解决思路

通过使用结构件完成机械爪的搭建；通过舵机模块实现机械爪的闭合和打开。

3. 项目实施

（1）机械爪的搭建

机械爪的搭建分为两部分：爪子的搭建以及爪子基座的搭建。

爪子的搭建，如图 2-2-5 所示。

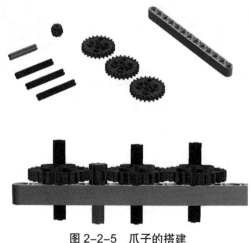

图 2-2-5　爪子的搭建

爪子基座的搭建，如图 2-2-6 所示。

图 2-2-6　爪子基座的搭建

完整的机械爪，如图 2-2-7 所示。

图 2-2-7　完整的机械爪

（2）舵机代码控制

在流程图界面中，左边的"输入输出模块"下有"伺服电机"模块，单击选择模块，拖动到空白区域中，和主程序相连。

图 2-2-8　舵机代码控制

双击主程序下的伺服电机模块，会出现如图 2-2-9 所示的界面。

控制器一共接受四个伺服电机，通道 1—4 分别对应 IO3—6 接口。舵机值的范围为 0—3600，如果需要舵机延时的话，直接勾选"舵机延时参数"，即可在后面填入参数。舵机延时越大，舵机行为越慢。

图 2-2-9　伺服电机参数设置

四、拓展与延伸

1. 拓展练习

学习了一个舵机进行闭合和张开，那么可以使用两个舵机使机械爪在张开和闭合之后还能进行抬升和下降，请问要怎么设计机械爪和程序？

2. 知识延伸

（1）舵机及转向控制原理

舵机也叫伺服电机，目前在机器人的转向控制以及各种关节的运动中有着广泛的运用。舵机一般由舵盘、减速齿轮组、位置反馈电位计、直流电机、控制电路板等部分组成。

图 2-2-10　舵机组成部分

我们可以通过程序控制舵机连续转角。舵机的控制板接收信号线的控制信号，控制电机带动舵机的一系列齿轮组运转，传动至舵盘。舵机的转动范围不能超过 180 度。

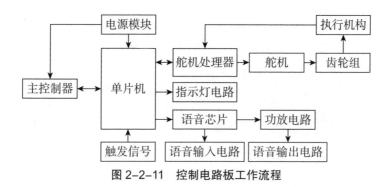

图 2-2-11　控制电路板工作流程

（2）机器人的"手"

机器人关节的个数通常称为机器人的自由度数。

一般来讲，自由度越大，机器人可以完成的复杂动作越多，但其相对应的结构也会越复杂。

　　人的一只手是由手掌和五根手指组成的，总共有 14 个关节，可以做各种复杂的动作。如果机器人的"手"也具有 14 个关节，那么就能具有人手一样的功能。然而，关节越多，结构的复杂度以及程序的复杂度也越高，其研制就更加困难。

　　在项目开发中，一般机器人的"手"是为了完成某种动作从而代替人类的劳动，譬如夹物、抓取、提举等。实现这样比较单一的动作，不需要像人的手一样具有那么多关节，所以，很多时候我们看到的机器人的"手"很像一把夹钳，当然，也有一些具有五指关节。

2.3　物块位置检测

我们可以用耳朵聆听世界,用眼睛记录画面,用鼻子细嗅芬芳,用嘴巴尝世间百味……

那么机器人有"感觉"吗? 它们用什么来感知世界呢? 从这个项目开始,我们为机器人加上传感器,从而赋予机器人感知外部世界的能力。让我们一起开启机器人传感器的探索之旅吧。

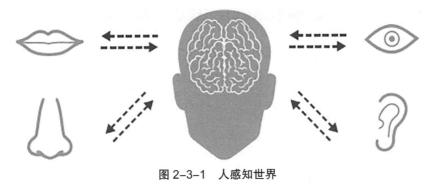

图 2-3-1　人感知世界

一、项目设计意图

我们使用传感器让机器人跟人一样具有"感觉"。通过这个项目的实践可以了解以下知识。

传感部分——

测障传感器的使用。

控制部分——

分支结构的概念和运用;

分支结构的基本语句;

循环结构的概念和运用;

循环结构的基本语句。

知识延伸——

传感器及传感技术;

超声波测距传感器的原理;

距离、速度和时间的应用。

二、项目内容

任务 1：循环采样测障传感器的数值，并在屏幕上显示。

任务 2：使用一个测障传感器检测物块，一旦检测到物块则立即停止，反之则继续向前走。

三、项目解决方案

1. 知识锦囊

（1）"模拟输入"模块

"模拟输入"模块一共有 6 个通道可供选择，检测结果可以赋值给 8 个扩展模拟变量。

图 2-3-2　"模拟输入"模块属性框

将红外测障传感器连接在输入端口 1，对应通道 1，检测结果选择"模拟输入变量 1"，一一对应，以防混淆。

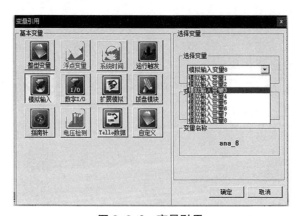

图 2-3-3　变量引用

（2）算法基本控制结构——分支结构

分支结构是先判断给定的条件,再根据判断的结果而执行不同操作的一种结构。

比如,我们每天会关注天气,如果下雨,我们选择带伞;如果不下雨,我们就不带伞。

控制模块中的"条件判断"模块用来判断模块中设置的条件是否成立,如果条件成立,那么执行条件判断"是"这边的操作;如果条件不成立,执行条件判断"否"这边的操作。这样形成的就是一种分支结构。

图 2-3-4 "条件判断"模块

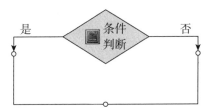

图 2-3-5 条件判断的分支结构

在模块属性框中设置条件。

图 2-3-6 "条件判断"模块属性设置

在 C 语言中,常用"if ..."语句或者"if ... else ..."语句表示分支结构,一组语句可用大括号组合成复合语句块。

"if ..."语句用于判断是否执行某些语句,其语法为:

```
if（表达式）
{
    语句；
}
```

执行该语句时，先计算 if 后面的表达式的值，若表达式的值不等于零，即表达式判断结果为逻辑真，则执行语句。

"if ... else ..."语句用于选择执行其中某个语句，其语法为：

```
if（表达式）
{
    语句 1；
}
else
{
    语句 2；
}
```

执行该语句时，先计算 if 后面的表达式的值，若表达式的值不等于零，即表达式判断结果为逻辑真，则执行语句 1；若表达式的值等于零，即表达式判断结果为逻辑假，则执行语句 2。

（3）算法基本控制结构——循环结构

简单来说，循环结构是在某种条件下重复做某种动作的算法结构。

在 C 语言中，常用 while 语句和 for 语句来表示循环结构。

while 语句用于循环，其语法为：

```
while（表达式）
{
    语句；
}
```

执行 while 语句时，先计算表达式的值，若表达式的值等于零，即表达式判断结果为逻辑假，则跳过循环语句；若表达式的值不等于零，即表达式判断结果为逻辑真，则执行循环语句。然后再次计算表达式的值，执行同样的操作。

在 C 语言中用 while 语句很容易创建永远循环，如：

```
while (1)
{
    语句；
}
```

在这个语句中，判断表达式的值为 1，即表达式判断结果为逻辑真，则重复执行循环语句。

for 语句用于循环，其语法为：

```
for ( 表达式 1; 表达式 2; 表达式 3)
{
    语句；
}
```

它等同于如下的 while 循环：

```
表达式 1;
while ( 表达式 2)
{
    语句；
表达式 3;
}
```

例如，以下代码实现的功能是从 0 计数到 99，并同时输出各数字。

```
int i;
for (i= 0; i < 100; i++)
{
  cls(   );
  printf("%d", i);
  wait(0.1);
}
```

2. 项目解决思路

通过"模拟输入"模块和"显示模块"获取并显示测障传感器数值，并使用循环模块重复采样。

通过"条件判断"模块根据获取的测障传感器数值进行判断。

通过循环模块实现机器人的重复动作。

3. 项目实施

（1）通过"模拟输入"模块获取红外测障传感器的返回值

新增"模拟输入"模块，并通过属性设置获取红外测障传感器的返回值。

图 2-3-7 "模拟输入"模块属性设置

（2）新增"显示模块"

鼠标左键单击基本功能模块中的"显示模块"，将鼠标移到编辑区，鼠标箭头会变成"+"；单击流程图编辑区空白处，"显示模块"会出现在编辑区，如图 2-3-9 所示。

图 2-3-8 单击模块后鼠标变成"+"　　　　图 2-3-9 添加完成

（3）连接"显示模块"

将"显示模块"拖到"模拟输入"模块后面的连接圈处，当连接处圆圈由白色变成蓝色时,松开鼠标左键,"显示模块"便连接在了"模拟输入"模块的后面,如图 2-3-10 所示。

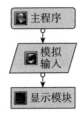

图 2-3-10　连接"显示模块"

（4）新增"多次循环"模块并修改属性

新增"多次循环"模块,并连接到主程序。

打开该模块的属性框,单击选择"永远循环"。

修改完成后单击"确定"。

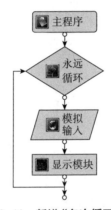

图 2-3-11　新增"多次循环"模块

小贴士

- 将前面编写的顺序结构从主程序上移开。
- 将循环模块连接到主程序上。
- 将顺序结构连接到循环模块内。

（5）通过"模拟输入"模块获取红外测障传感器的返回值

- 当障碍物在近距离时,亮红灯。
- 稍远距离时,亮蓝灯。
- 远距离时,不亮灯。

根据内部测试观察不同状态下红外测障传感器的数值,并记录下来。

表 3-3-1　红外测障传感器数值记录表

	红灯	蓝灯	不亮灯
模拟口 1 红外测障传感器返回值			

（6）新增"条件判断"模块并修改属性

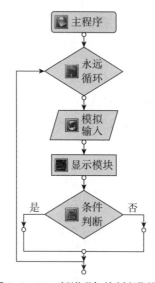

图 2-3-12　新增"条件判断"模块

添加"条件判断"模块并打开模块属性框，修改"条件判断"下方的参数。

首先打开"变量引用"界面，将变量改为"模拟输入变量 1"；然后选择比较运算符">"；数值请根据检测结果自行设置。

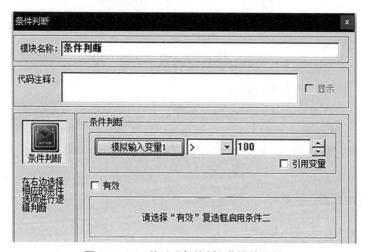

图 2-3-13　修改"条件判断"模块属性

（7）新增"主电机"模块

新增"主电机"模块，连接在"条件判断"模块中，根据不同的条件设置电机数值。

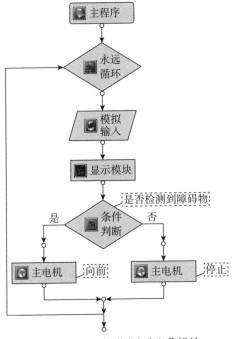

图 2-3-14　新增"主电机"模块

（8）先将程序编译，点击"下载"按钮，运行程序，根据运行结果修改程序，反复调试

四、拓展与延伸

1. 拓展练习

利用测障传感器，如何实现让机器人沿着墙走？大家试试看吧。

2. 知识延伸

（1）传感器

传感器是机器人的核心部件之一。它不仅能让机器人感受外部的环境数据，还能让机器人检测自身内部的零件信息。传感器的出现直接推动了机器人的发展，让机器人具备感知能力。

传感技术、通信技术和计算机技术被称为现代信息产业的三大支柱。

（2）超声波测距传感器

超声波测距传感器是通过超声波的传播和反射测得时间差，从而得到传感器与障碍物之间的距离,检测精度为 ±1 厘米。

超声波测距传感器的发射器向某一方向发射超声波,途中碰到障碍物就立即返回来。在发射超声波的同时开始计时,超声波接收器收到反射波就立即停止计时。超声波在空气中的传播速度为每秒钟 340 米,通过超声波发射装置发出超声波,根据接收器接到超声波时的时间差就可以计算出与物体之间的距离。

用 t 表示计时器记录的时间,单位为秒,可以计算物体之间的距离为 $s=340 \cdot t/2$。

2.4　物块颜色识别

我们看到物体的颜色是由物体反射的光通过视觉而产生的印象。

当混合光线照射在物体上时，物体吸收一部分光谱，反射一部分光谱，还有一部分光谱穿过物体从另一侧透射出去。

由此可知，我们可以借助检测物体反射的光谱来检测物体的颜色。

图 2-4-1　光线照射在小方块上反射出颜色

一、项目设计意图

如何让机器人识别物体的颜色？我们使用让机器人检测物体反射的光谱来检测物体颜色的方法，让机器人完成颜色识别。通过这个项目的实践可以了解以下知识。

传感部分——

地面灰度传感器的使用；

地面灰度传感器的原理。

控制部分——

分支结构嵌套的使用；

循环结构与分支结构的嵌套使用；

流程图中的逻辑运算符。

知识延伸——

三原色。

二、项目内容

使用地面灰度传感器采样红色、绿色和蓝色物体的数值，通过分析数值，分辨物体的颜色范围。

三、项目解决方案

1. 知识锦囊

（1）地面灰度传感器及其原理

地面灰度传感器主要由一个光敏电阻和 LED 灯构成。

光敏电阻是由一种特殊的半导体材料制成的电阻器件。当无光照射时，光敏电阻暗电阻的值很大，电路中暗电流很小；当光敏电阻受到一定波长范围的光照射时，光敏电阻亮电阻急剧减小，电路中光电流迅速增大。

光敏电阻的阻值会随着光照强弱的变化而变化，传感器将阻值的变化转变成电信号的变化，通过机器人主板上的模拟口输入机器人微控制器，从而用来检测光照强度。

地面灰度传感器常用于通过检测地面不同颜色的灰度值来控制机器人沿黑线或者白线行走的场景中。

（2）逻辑运算符

C 语言提供了一组逻辑运算符——或（||）、与（&&）、非（！），分别对应命题逻辑中的 OR、AND、NOT 运算。逻辑运算认为所有非零的参数都表示为 TRUE，而参数 0 表示 FALSE，逻辑运算返回的值为 1（TRUE）或 0（FALSE）。

"与"运算符（&&）：如果两个条件都为真，则判断结果为真；如果两个条件都为假或者其中一个为假，则判断结果为假。

"或"运算符（||）：如果两个条件中有任意一个为真，或两个都为真，则判断结果为真；如果两个条件都为假，则判断结果为假。

"非"运算符（！）：如果条件为真，则逻辑"非"运算符运算结果为假；如果条件为假，则逻辑"非"运算符运算结果为真。

A	B	A && B	A || B
TRUE	FALSE	FALSE	TRUE

（续表）

A	B	A && B	A ‖ B
FALSE	TRUE	FALSE	TRUE
TRUE	TRUE	TRUE	TRUE
FALSE	FALSE	FALSE	FALSE

A	! A
TRUE	FALSE
FALSE	TRUE

如果在条件判断中需要实现多个条件的判断，可以在流程图的条件判断模块中，选择第二个或第三个条件有效，使用逻辑运算符将多个条件连接起来，如图2-4-2所示。

图2-4-2　条件判断模块

2. 项目解决思路

通过模拟输入模块获取地面灰度传感器的数值，并将其呈现在屏幕上。

检测地面灰度传感器对三种颜色物块所返回的数值，并记录下来。

根据检测的数值，设置判断的条件，打印不同的结果。

反复调试，观察检测结果是否符合程序设计的思路。

3. 项目实施

（1）获取地面灰度传感器的数值

我们可以将地面灰度传感器安装在车身前方，插在主板的 ADC 1 号口上。

注意地面灰度传感器的高度应该适当地高于物块的高度（如图 2-4-3 中左视图所示），但是不应该高于物块 2 厘米，否则测得的数值将产生巨大的误差。

安装好地面灰度传感器后，我们就可以使用编程软件，将地面灰度传感器的数值呈现在屏幕上。

第一步：拖动一个新的"模拟输入"模块，双击打开，通道值为 1，变量名为"模拟输入变量 1"，如图 2-4-3 所示。

图 2-4-3 "模拟输入"模块及其设置

第二步：拖动一个"显示模块"放置在"模拟输入"之后，双击打开，显示内容为"引用变量"，变量为"模拟输入变量 1"，如图 2-4-4 所示。

图 2-4-4 "显示模块"及其设置

第三步：拖动一个"延时等待"模块放置在"显示模块"之后，外层添加"永远循环"，如图 2-4-5 所示。

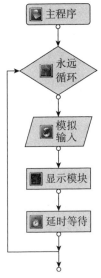

图 2-4-5　新增"延时等待"与"永远循环"模块

将程序下载进控制器内，运行程序，看看屏幕上显示的是不是当前地面灰度传感器的数值。

（2）数值采样并记录

接下来我们分别将红、绿、蓝色的物块放置在地面灰度传感器下方，观察并将数值记录下来。

（3）设置条件判断

我们分别将红、绿、蓝色的物块进行采样，并填入表中，假设采样结果如表 2-4-1 所示。

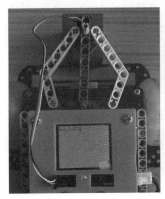 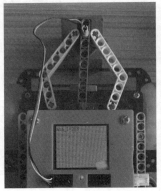 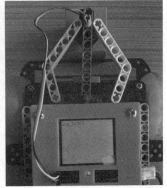

图 2-4-6　物块采样

表 2-4-1　地面灰度传感器数值记录表

传感器	红色	绿色	蓝色
地面灰度传感器	283	263	354

我们可以分析一下数值,蓝色和红色的中间值大约为318,绿色和红色的中间值为273。那么当地面灰度传感器当前的数值如果大于318,则可以判断当前颜色为蓝色;地面灰度如果小于273,则可判断为绿色;如果在318到273之间,则可判断为红色。

我们根据以上分析,进行程序的分支语句的条件设置。

第一步:拖动一个"条件判断"模块,连接在上个程序之后,双击打开,设置判断条件为"模拟输入变量1"大于318。

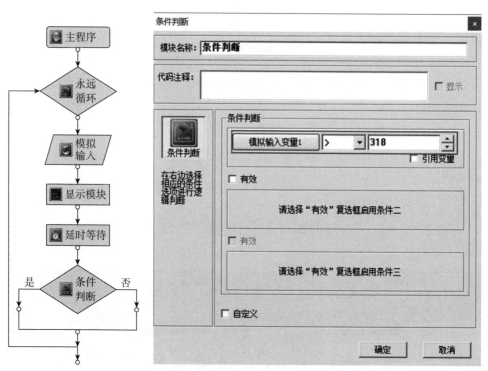

图 2-4-7　增加"条件判断"模块及其设置

第二步:再拖动一个"条件判断"模块,连接在上个"条件判断"模块之后,双击打开,设置判断条件为"模拟输入变量1"小于318且大于273,注意这里的两个条件应该是"与"的关系。

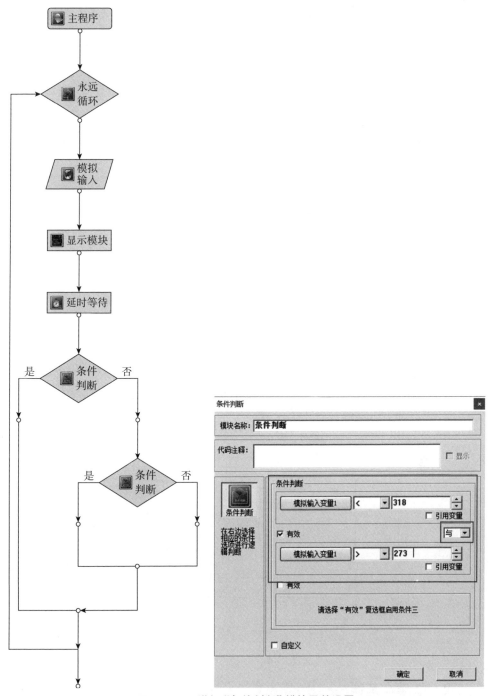

图 2-4-8　增加"条件判断"模块及其设置

第三步：再拖动一个"条件判断"模块，连接在上个"条件判断"模块之后，双击打开，设置判断条件为"模拟输入变量1"小于273。

（4）显示判断结果，下载并进行调试

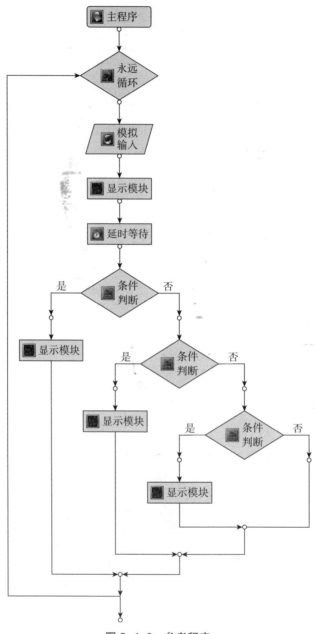

图 2-4-9　参考程序

四、拓展与延伸

1. 拓展练习

利用地面灰度传感器的特性，接下来可以尝试使用地面灰度传感器来检测黑线和白色场地纸，注意地面灰度传感器的使用流程。

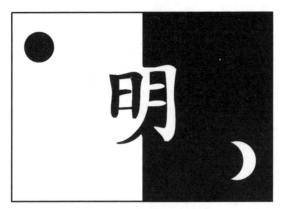

图 2-4-10　黑线和白色场地纸

2. 知识延伸

三原色

自然界中的绝大部分色彩，都可以由红色、蓝色、绿色三种原色按一定比例混合得到；反之，任意一种色彩均可被分解为三种原色。

由三原色混合而得到的彩色光的亮度等于参与混合的各基色的亮度之和。三原色的比例决定了混合色的色调和色饱和度。

三原色的光可以组成以下几种：

红色＋绿色＝黄色；绿色＋蓝色＝青色；红色＋绿色＋蓝色＝白色。

2.5 物块检测抓放

"机械爪设计"和"物块位置检测"两个项目分别实现了物块的抓取以及物块的识别,那么,结合这两个项目,我们可以让机器人完成找到物块并抓取的动作,实现自动取物的功能。这个项目是在前期项目的基础上进一步开发,旨在开拓机器人的新技能。

一、项目设计意图

如何让机器人为我们自动取物?在这个项目中,我们尝试让机器人拥有这个功能。通过这个项目的实践可以了解以下知识。

传感部分——

测障传感器的使用。

控制部分——

分支结构嵌套的使用;

循环结构与分支结构的嵌套使用;

退出循环的语句及其使用。

机械部分——

电机、舵机的熟练使用。

知识延伸——

软体机械手。

二、项目内容

机器人在行进过程中,通过测障传感器检测物块,识别到物块则停止运动并抓取物块。

三、项目解决方案

1. 知识锦囊

(1)"结束循环"模块功能

"结束循环"模块通过选择 break 语句、continue 语句、return 语句来改变程序的执行顺序。

break 语句用于直接退出循环。

continue 语句用于跳过此代码之后的语句，继续执行下一次循环。

return 语句用于直接退出主程序或相应的子函数模块。

（2）"结束循环"模块操作

将"结束循环"模块移到流程图生成区，并连接在程序中的相应位置。设置参数时，右击"结束循环"模块，在弹出的对话框中进行相应的选择或修改。

2. 项目思路

采样并记录有无物块时测障传感器的数值，设定判断条件。

通过"条件判断"模块根据获取的测障传感器数值进行判断。

根据不同条件下设计机器人的行为动作，并通过循环模块实现机器人的重复动作。

3. 项目实施

（1）通过"模拟输入"模块获取红外测障传感器的返回值

图 2-5-1 "模拟输入"模块属性设置

本示例程序中将红外测障传感器连接在输入端口 1，对应通道 1，检测结果选择"模拟输入变量 1"，一一对应，以防混淆。

（2）新增"条件判断"模块并修改属性

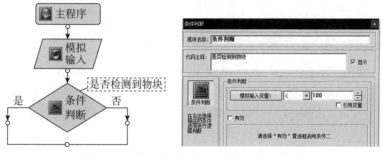

图 2-5-2 新增"条件判断"模块并修改属性

添加"条件判断"模块并打开模块属性框，修改"条件判断"下方的参数。本示例中，选取测障传感器红蓝灯状态下的数值作为判断条件，假设中间值为100，小于100则认为机器人检测到物块。首先打开"变量引用"界面，将变量改为"模拟输入变量1"；然后选择比较运算符"<"；数值请根据检测结果自行设置。

（3）新增"永远循环""主电机""结束循环"模块

新增"主电机"模块，并连接在"条件判断"模块中；根据不同的条件，当机器人没有检测到物块时，机器人向前行驶；新增"永远循环"模块，在前进过程中持续检测物块；当机器人检测到物块时，机器人停止，并跳出检测物块的循环，开始接下来的抓取物块，"结束循环"模块选择 break 语句。

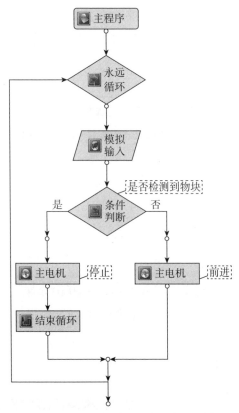

图 2-5-3 新增"永远循环""主电机""结束循环"模块

（4）让机器人对准物块，放下并打开机械爪

本示例中，测障传感器安装在机器人左侧，对应左转；电机参数、延时参数、舵机参数需实际调试修改。此时已跳出"永远循环"，模块连接在"永远循环"外的最末端。

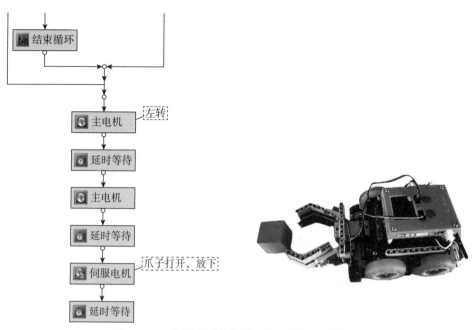

图 2-5-4　机器人对准物块，放下并打开机械爪

（5）前进抓取物块

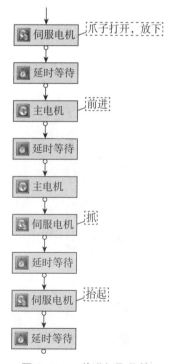

图 2-5-5　前进抓取物块

（6）完整程序示例

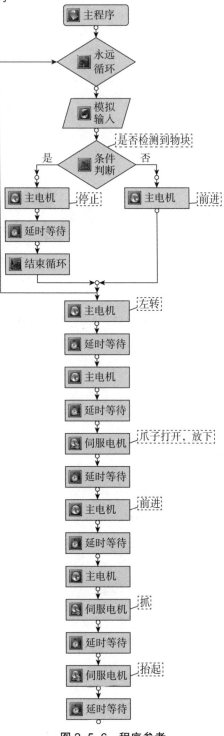

图 2-5-6　程序参考

（7）程序编译、下载并运行，根据运行结果修改程序，反复调试

四、拓展与延伸

1. 拓展练习

让测障传感器检测到障碍时机械爪打开，没有检测到时闭合。

2. 知识延伸

软体机械手

软体机械手是采用软质材料制造的机械手，与传统的机械手或抓具相比，它操作细小或易碎物体的能力更强。

软体机械手的设计灵感来自软体动物，其覆盖住物体后，用附体抓取并挤压时如同章鱼伸出的触须，能够卷绕（或被卷绕）对象的不同部分。

图 2-5-7　软体机械手

2.6　巡线行驶

巡线行驶是指机器人在白色地板上能自动沿着黑线行走。它集计算机技术、软件编程、自动控制、传感器技术、机械结构于一体，是机器人制作的基础。各类机器人比赛都有与巡线行驶相关的项目。

一、项目设计意图

巡线行驶小车的制作看似简单，却包含着很多门道。不同的小车设计，不同的程序算法，产生的结果大不相同。通过这个项目的实践可以了解以下知识。

传感部分——

两个地面灰度传感器巡线的使用方法。

控制部分——

骑线法实现巡线行走；

熟练绘制程序流程图；

分支和循环的程序结构；

通过调整左右电机差速的方法准确改变机器人行为。

机械部分——

电机、舵机的使用；

传感器的安装。

知识延伸——

数据采样；

运算符优先级。

二、项目内容

机器人沿着轨迹路线行驶。

三、项目解决方案

1. 知识锦囊

（1）传感器的数据采集

传感器像人的眼耳口鼻等感觉器官一样，从外界获取各种信息，并将信息转化后返回给机器人。

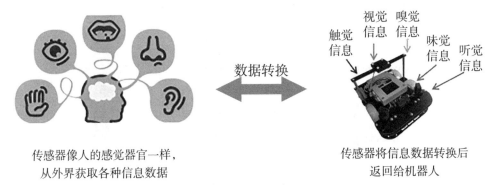

传感器像人的感觉器官一样，
从外界获取各种信息数据

传感器将信息数据转换后
返回给机器人

图 2-6-1　传感器数据采样

（2）内部测试

要完成数据采样工作，需要借助内部测试窗口。通过以下三个步骤可以进入内部测试窗口界面，在这个界面上可以实时观测到不同传感器返回的数值。

① 使用拨盘转动至"选择其他程序"

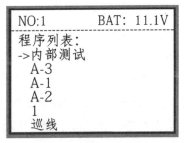

② 选择"内部测试"，按运行按钮

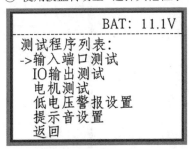

③ 选择"输入端口测试"，按运行按钮，进入返回值显示区

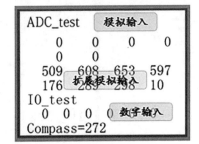

图 2-6-2　内部测试步骤

（3）双地面灰度传感器——骑线法

利用两个地面灰度传感器来巡线行驶，假设两个地面灰度传感器的间距略大于黑线的宽度，那么当黑线处于两个地面灰度传感器中间时，机器人直走；当左边的地面灰度传感器检测到黑线时，机器人向左转；当右边的地面灰度传感器检测到黑线时，机器人向右转。

图 2-6-3 所示为双地面灰度传感器巡线原理图。

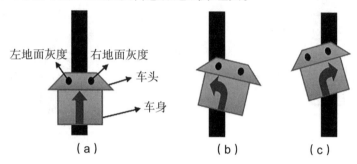

（a） （b） （c）

图 2-6-3　双地面灰度传感器巡线原理图

2. 项目思路

利用机器人的两个地面灰度传感器持续检测地面黑线的位置，并调整机器人行驶方向。

安装两个地面灰度传感器，其间距略大于黑线的宽度。黑线在左右地面灰度传感器中间时，机器人直行；左侧地面灰度传感器在黑线上方时，向左划弧前行；右侧地面灰度传感器在黑线上方时，向右划弧前行。

3. 项目实施

（1）数据采样并设定阈值（临界值）

① 在机器人显示屏上调出内部测试界面（如图 2-6-4 所示）。

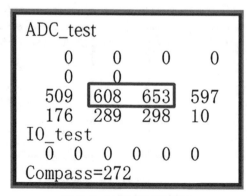

图 2-6-4　内部测试界面

② 将机器人放在黑、白色卡上。

③ 观察并记录地面灰度传感器的返回值,设定阈值。

假设检测到的数据如表 2-6-1 所示。

表 2-6-1 数据检测表

	黑色色卡	白色色卡	阈值
2 号地面灰度传感器	680	400	540
3 号地面灰度传感器	830	430	630

（2）分别获取左侧和右侧地面灰度传感器的返回值

将左侧、右侧两个传感器分别接入模拟端口 2 和模拟端口 3。以下称左侧传感器为 2 号传感器,右侧传感器为 3 号传感器。

① 新增"模拟输入"模块并修改属性。端口选择"通道 2",检测结果选择"模拟输入变量 2"。

② 新增"模拟输入"模块并修改属性。端口选择"通道 3",检测结果选择"模拟输入变量 3"。

（3）判断地面灰度传感器的返回值与阈值的关系并设定机器人的行为

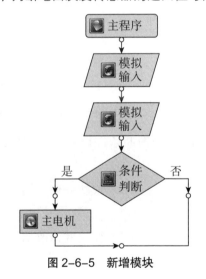

图 2-6-5 新增模块

图 2-6-6 机器人行为设定

① 新增"条件判断"模块并修改属性,将判断条件设置为"模拟输入变量 2 >540"。

② 在"条件判断"模块左侧分支上新增"主电机"模块并修改属性,将电机 1、电机 2 数值设置为（30, 300）。

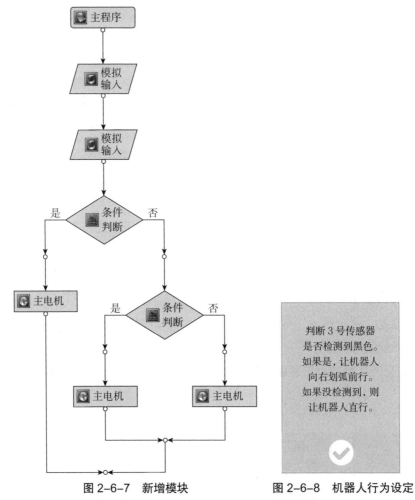

图 2-6-7　新增模块　　　　图 2-6-8　机器人行为设定

判断3号传感器
是否检测到黑色。
如果是, 让机器人
向右划弧前行。
如果没检测到, 则
让机器人直行。

③ 新增"条件判断"模块并修改属性, 将判断条件设置为"模拟输入变量3>630"。

④ 在"条件判断"模块左侧分支上新增"主电机"模块并修改属性, 将电机1、电机2的数值设置为(300, 30)。

⑤ 在"条件判断"模块右侧分支上新增"主电机"模块并修改属性, 将电机1、电机2的数值设置为(300, 300)。

速度需要根据实际场地自行调节。

（4）让机器人无限次重复执行以上程序

① 新增"永远循环"模块, 并连接到主程序。

② 打开该模块的属性框, 单击选择"永远循环"。

③ 修改完成后单击"确定"。

（5）程序编译、下载并运行，根据运行结果修改程序，反复调试

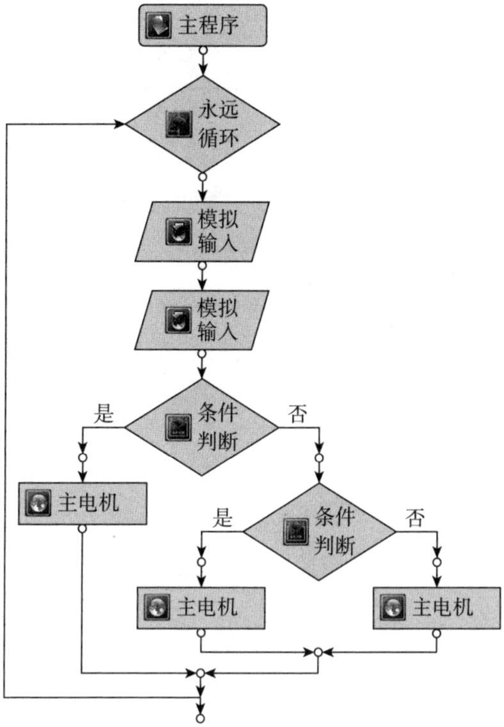

图 2-6-9　参考程序

四、拓展与延伸

1. 拓展练习

如果黑线的宽度大于两个传感器之间的宽度，你会怎么处理？你能想出几种解决方案？

2. 知识延伸

（1）数据采样

传感器可以感知到周围环境的变化，并将信息返回给机器人。传感器将检测到的信息经过转换后传给机器人，因此，为了更好地操控机器人的动作行为，我们要了解传感器返回给机器人的数据信息与现实环境信息之间的关系。这个过程就叫作数据采样。

（2）运算符优先级

优先级（priority）是一种约定，优先级高的先做，优先级低的后做。

运算符用于执行程序代码运算，会针对一个以上操作项目来进行运算。运算符大致可以分为五种类型：算术运算符、连接运算符、关系运算符、赋值运算符和

逻辑运算符。

运算符的优先级详见表2-6-2。

表2-6-2 优先级表

优先级	运算符	结合性
1	（ ）	从左到右
2	！ +（正） -（负） ~++ --	从右向左
3	* / %	从左向右
4	+（加） -（减）	从左向右
5	<< >> >>>	从左向右
6	<<= >>= instanceof	从左向右
7	== !=	从左向右
8	&（按位与）	从左向右
9	^	从左向右
10	|	从左向右
11	&&	从左向右
12	||	从左向右
13	?:	从右向左
14	= += -= *= /= %= &= |= ^= ~= <<= >>= >>>=	从右向左

3 进阶项目设计示例

经历了基础项目的实践和学习后，接着进行进阶项目的实践，这些项目灵活组合基础项目，并在基础项目的基础上进行拓展。

3.1 AI 智能物流

物流配送是电子商务的一个关键环节。随着电子商务的发展，物流配送成为电商亟须解决的问题，而使用机器人可以很好地帮助人们完成物流配送工作，使人们摆脱沉重的体力劳动，提高效率、节省成本。

一、项目设计意图

设计一个小型轮式机器人，在场地上根据要求实现智能物流配送的功能。

本项目整合了物块检测抓放、物块位置检测、巡线行驶等基础项目的内容，通过这个项目的实践可以了解以下知识。

知识与技能——

掌握"AI 智能物流"的模块使用；

了解项目分析的过程；

掌握项目设计的方法。

知识延伸——

全自动物流分拣。

二、项目内容

任务 1：机器人在第一个路口装载货物。

任务 2：机器人在第二个路口卸载货物。

具体内容为：

我们让机器人从如图 3-1-1 所示的物块装卸场地图的出发区出发，途经第一

55

个路口，将放置在"装货区A"的方形物块装载在机器上，再巡线至第二个路口，将货物卸置在"卸货区A"。整个过程中，机器人独立运行，不可中断。

卸货完成后，机器人可以停止运动。

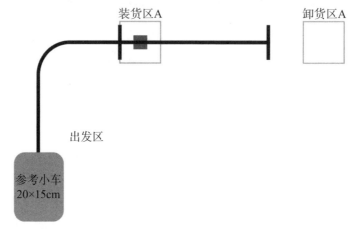

图 3-1-1　物块装卸场地图

三、项目解决方案

1. 知识锦囊

（1）编写程序解决问题的基本步骤

遇到需要解决的问题时，我们可以通过如图 3-1-2 所示的步骤来完成。

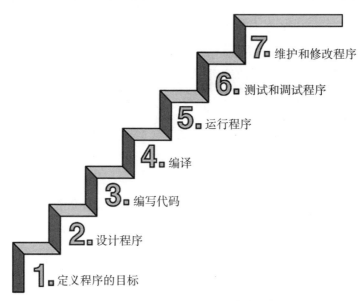

图 3-1-2　编写程序解决问题的基本步骤

第一步：定义程序的目标。

这是规划阶段，这个阶段不需要考虑语言，而是考虑如何分析任务，得出任务目标和细节。

第二步：设计程序。

这是对第一步中的任务目标有概念性认识后，决定程序如何完成它，包括程序如何组织、多长时间完成这个程序等。

第三步：编写代码。

有了清晰的设计后，就可以通过编写代码来实现。

第四步：编译。

使用编译器查看所编辑的程序中是否出现错误。

第五步：运行程序。

将程序下载进机器中，实际调试程序。

第六步：测试和调试程序。

程序运行时会出现一些未知的问题，其中有的是错误，有的不是错误，但是需要优化。这时候就需要我们测试和调试程序，让程序的健壮性更高。

第七步：维护和修改程序。

一个优秀的程序员不只是会编程，还要在代码中添加注释，这些注释就是便于我们维护和修改程序用的。

（2）AI智能物流的模块介绍

AI智能物流一共分为六个子模块，分别为地灰设置、巡线模块、巡线至左、巡线至右、巡线至T、延时巡线。

图 3-1-3　AI智能物流模块

地灰设置：设置地灰端口和地灰参考值的模块。

巡线模块：设置巡线的基础速度及转弯系数。

巡线至左：模块使用1、2、3号地灰，其中2、3为巡线判断条件。在巡线过程中1号地灰遇到黑线，则机器立即停止。

巡线至右：模块使用2、3、4号地灰，其中2、3为巡线判断条件。在巡线过程中 4 号地灰遇到黑线, 则机器立即停止。

巡线至 T: 模块使用 1、2、3、4 号地灰, 其中 2、3 为巡线判断条件。在巡线过程中 1、4 号地灰同时遇到黑线, 则机器立即停止。

延时巡线: 模块可以设置巡线时间, 时间结束则巡线同时结束, 机器停止。

（3）"巡线至 T"模块详细介绍

A. T 字路口解决思路

采样并记录地面灰度传感器数值; 规划路径编写程序并调节优化参数。

具体解决思路为:

机器人巡线到 T 字路口, 当 1 号地灰先识别到黑线, 机器人左转一定时间（判断时间）内, 在左转过程中 4 号地灰检测到黑线, 标记交叉路口, 机器人停止; 当 4 号地灰先识别到黑线, 机器人右转一定时间（判断时间）内, 在右转过程中 1 号地灰检测到黑线, 标记交叉路口, 机器人停止。

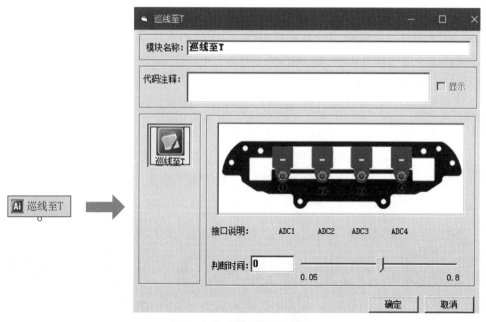

图 3-1-4 "巡线至 T"模块

B. T 字路口实施方法

此模块用到四个地面灰度传感器, 连接在输入端口 1、2、3、4, 对应端口号 getadc 1、2、3、4, 一一对应, 以防混淆。中间值根据实际测量值填入。

① 添加"地灰设置"模块, 选取地灰编号和对应端口, 获取地面灰度传感器的返回值并设定中间值。

图 3-1-5 选取地灰编号和对应端口

② 新增"巡线模块"并修改属性。

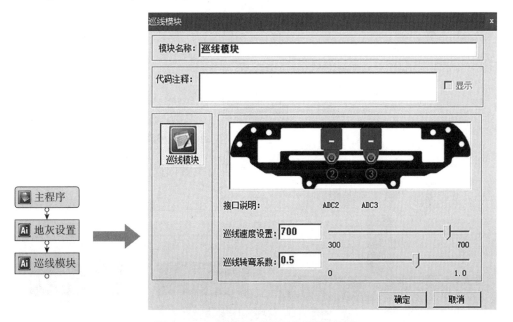

图 3-1-6 新增"巡线模块"并修改属性

添加"巡线模块"并打开模块属性框,修改"巡线模块"下方的参数。巡线转弯系数影响巡线时左右电机的差速,数值请根据检测结果自行设置,以提高巡线流畅度。

C. "巡线至 T"模块的使用

① 新增"巡线至 T"模块,并调节判断时间,在 T 字路口进行多次测试,以提高识别准确度;优化在多个路线 T 字路口的识别准确度。

图 3-1-7　新增"巡线至 T"模块

② 新增"主电机""延时等待"模块，通过电机差速和延时配合，实现对路口直行、左转、右转的处理。

图 3-1-8　新增"主电机""延时等待"模块

③ 当遇到如图 3-1-9 所示路口，小车从箭头方向驶入，可以新增"巡线至左""巡线至右"模块检测路口。

图 3-1-9　新增模块检测路口

④ 根据实际路径添加后续模块，将程序编译、下载并运行，根据运行结果修改程序，反复调试。

（4）巡线模块的地灰安装和连接

地灰安装位置如图 3-1-10 所示，2、3 号地灰安装位置和巡线模块类似，1、4 号地灰分别安装在地灰板的左、右侧。

图 3-1-10 地灰安装位置

地灰从左到右插在主板运行键上方 ADC1—4 的接口上，注意黄色信号线朝上（屏幕方向）。

图 3-1-11 地灰插线

2. 项目解决思路

使用屏幕显示模块显示四个地灰的数值，并在场地上实际测量四个地灰的黑白中间值。

设置地灰参数及巡线参数。

前冲出出发区，巡线至第一个 T 字路口，抓取物块。

巡线至第二个 T 字路口，前冲至卸货区，松开物块。

3. 项目实施

（1）将地面灰度传感器的数值呈现在屏幕上，在实际场地上获取地灰的黑色、白色返回数值

第一步：新建"模拟输入"模块，选择通道 1，检测结果为"模拟输入变量 1"。

图 3-1-12 "模拟输入变量 1"设置

第二步：再次插入三个"模拟输入"，通道分别选择 2、3、4，检测结果分别为"模拟输入变量 2""模拟输入变量 3""模拟输入变量 4"。

图 3-1-13 "模拟输入变量 2/3/4"设置

第三步：使用"显示模块"将变量打印出来，"显示模块"后面添加"延时等待"，外层添加"永远循环"。

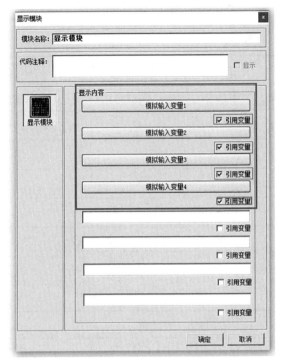

图 3-1-14 "显示模块"设置

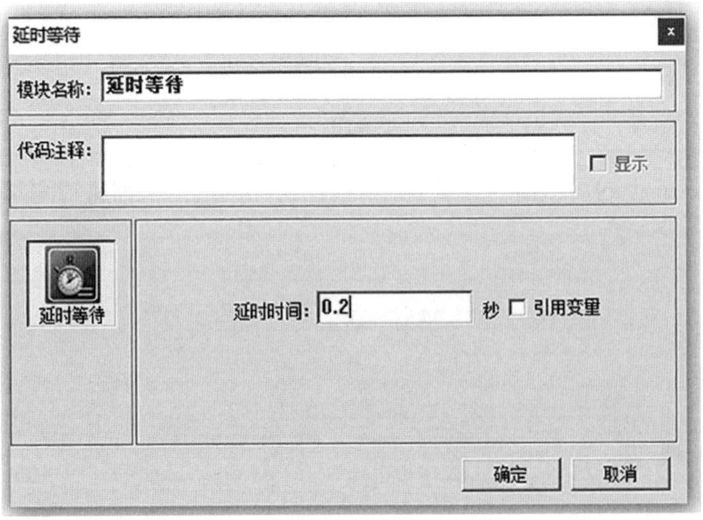

图 3-1-15 "延时等待"模块设置

在"显示模块"后面添加"延时等待"0.2 秒的目的是减少屏幕的刷新率,防止屏幕采样过快导致看不清楚。

将地灰采样程序下载至机器中,在实际场地上测量地灰的黑色、白色返回值,并记录到表 3-1-1 中。

表 3-1-1 地灰采样数值记录表

		颜色		
		黑色	白色	中间值（参考值）
地灰	1 号地灰			
	2 号地灰			
	3 号地灰			
	4 号地灰			

（2）新建"地灰设置"和"巡线模块"，并修改参数

我们假设地灰采样的数值如表 3-1-2 所示，据此进行参数设置。

表 3-1-2 地灰采样数据

		颜色		
		黑色	白色	中间值（参考值）
地灰	1 号地灰	340	100	220
	2 号地灰	340	140	240
	3 号地灰	300	100	200
	4 号地灰	310	110	210

图 3-1-16 上的参考值为假设值，请根据实际场地及机器进行测量。

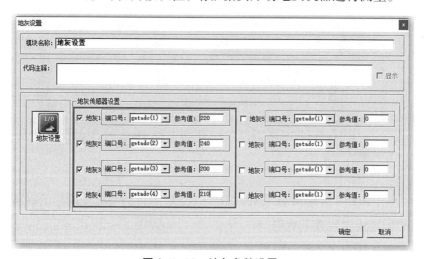

图 3-1-16 地灰参数设置

首先勾选"地灰编号"前的方框，再选择端口号。巡线使用的地灰端口号为 getadc(1—4)，参考值为地灰中间值。注意这里的参考值应该在场地上实际测量地灰的白色、黑色返回值，再取中间值。

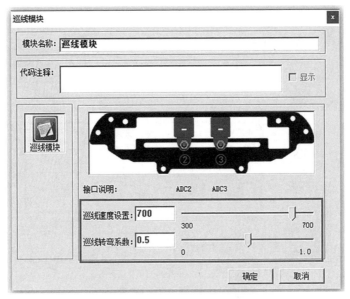

图 3-1-17 "巡线模块"设置

设置巡线速度和转弯系数，直接使用默认值即可。

（3）机器前冲出出发区，前进至第一个"T"字路口

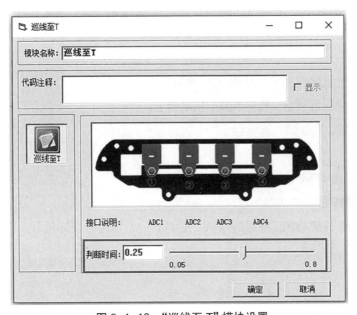

图 3-1-18 "巡线至 T"模块设置

判断时间使用默认的 0.25 秒即可，如果出现无法识别 T 字路口的情况，可以适当增加该时长。每次建议增加 0.05 秒，不可一次性增加太多。

（4）机器前冲抓取物块，巡线至第二个 T 字路口

图 3-1-19 "伺服电机"模块设置

该处舵机值请根据实际情况进行调节。

（5）前冲到卸货区，松开物块，机器停止

完成之后，机器到达卸货区。

四、拓展与延伸

1. 拓展练习

根据"AI 智能物流"项目的规则，完成下一个物块的装卸过程。

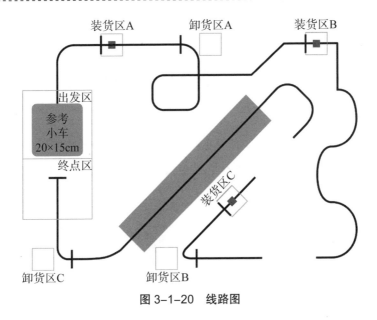

图 3-1-20　线路图

2. 知识延伸

全自动物流分拣

随着技术的发展，人们享受着网购便利的同时，也想在最短时间内收到自己选购的物品，这就需要物流配送的支持。

在物流配送的仓库中，不受气候、时间和体力限制的全自动分拣系统实现了货物的连续大规模分拣。机器人分拣货物不仅降低了企业人工成本投入，还提高了工作和管理效率。

3.2 减速带识别

减速带是安装在公路上使经过的车辆减速的一种新型交通专用安全设置，一般为黄色与黑色相间的条状物块，也有点状的。黑黄相间的颜色更能引起视觉注意。

一、项目设计意图

减速带的处理十分简单，直接低速前冲通过一段距离即可。如何识别减速带是问题的关键，也是本项目的关键。

本项目整合了巡线行驶、物块颜色识别等基础项目的内容，通过这个项目的实践可以了解以下知识。

知识与技能——

地面灰度传感器识别减速带；

微动开关识别减速带；

根据已有的知识与经验探索未知的任务。

知识延伸——

无人驾驶。

二、项目内容

这个项目中，我们需要设计几种方法，来让机器人穿过减速带。当然，这里的减速带可简化成由银色塑料纸包裹的长约 20 厘米、高约 0.3 厘米的长条，如图 3-2-1 所示。

图 3-2-1　银色长条

三、项目解决方案

1. 知识锦囊

（1）方法一：地面灰度传感器识别减速带

减速带是高约 0.3 厘米的银色长条，可以使用地面灰度传感器检测银色。

地面灰度传感器可以根据地面反射光的强弱来识别地面不同的颜色。银色反光比白色、黑色都要强烈，因此地面灰度传感器检测银色减速带所返回的数值比白色场地和黑色线条的数值都要小。我们可以根据这种现象来判断减速带。

（2）方法二：微动开关识别减速带

减速带高度略高于场地纸，我们可以在车前安装一枚微动开关，微动开关上绑一根轧带，轧带高度略高于地面而低于减速带。

机器人在行驶的过程中，轧带碰到减速带从而带动微动开关，触动微动开关后，机器人接收到信号则立即进行减速带的处理。

2. 项目解决思路

使用地面灰度传感器检测减速带；使用微动开关检测减速带。

3. 项目实施

（1）使用地面灰度传感器检测减速带

① 第一步：采样地灰数值。

我们这里使用 2、3 号地灰进行巡线，使用 1 号地灰进行银色减速带的识别，地灰安装位置如图 3-2-2 所示。

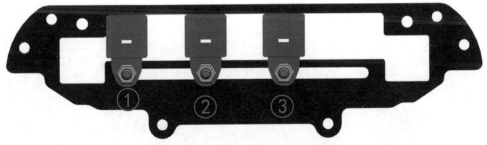

图 3-2-2　地面灰度传感器安装图

设置地灰采样程序，将采样场地和银色减速带的数值记录在表 3-2-1 中。

表 3-2-1　场地和银色减速带采样数值表

地灰序号	银色	白色	黑色	参考值
1 号地灰				

（续表）

地灰序号	银色	白色	黑色	参考值
2 号地灰				
3 号地灰				

② 第二步：分析数值，设置判断条件。

假设采集的数据如表 3-2-2 所示。

表 3-2-2　　场地和银色减速带数据采集表

地灰序号	银色	白色	黑色	参考值
1 号地灰	100	260		180
2 号地灰		240	360	300
3 号地灰		200	400	300

白色和银色的中间值为 180，在使用 2、3 号地灰巡线的过程中，一旦 1 号地灰检测的数值小于参考值，则机器缓慢前冲一段时间，然后继续巡线。

设置 1 号地灰条件判断如图 3-2-3 所示。

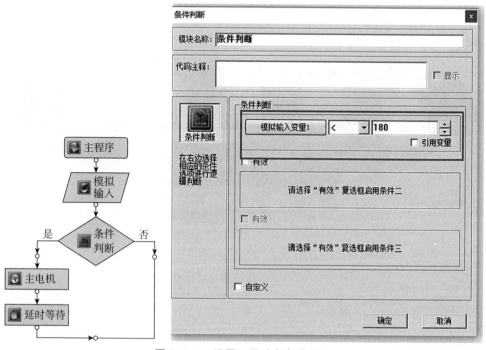

图 3-2-3　设置 1 号地灰条件判断

总程序如下：

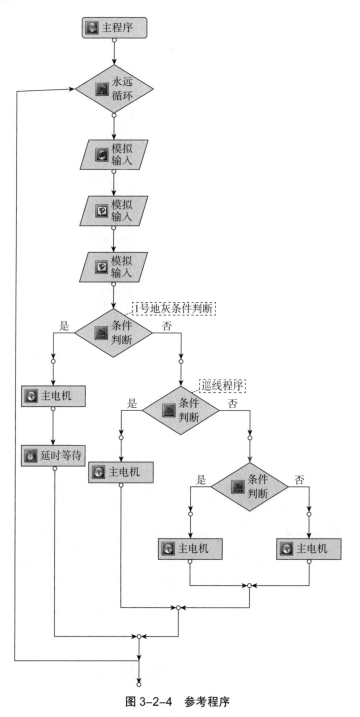

图 3-2-4 参考程序

（2）使用微动开关检测减速带

将微动开关固定到机器前方，并使用一根轧带垂下去，高于地面 2—3mm，微动开关插在主板的 IO 1 号口上，如图 3-2-5 所示。

图 3-2-5　微动开关安装

微动开关所使用的程序和地灰类似，如图 3-2-6 所示。

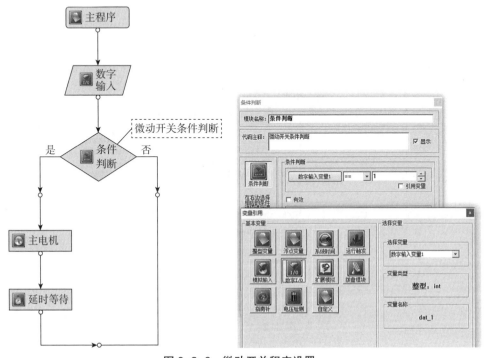

图 3-2-6　微动开关程序设置

总程序如图 3-2-7 所示。

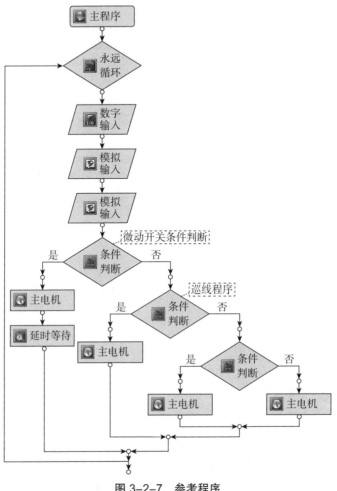

图 3-2-7　参考程序

四、拓展与延伸

1. 拓展练习

你还能想出其他的识别减速带的方法吗?

2. 知识延伸

无人驾驶

无人驾驶汽车是通过车载传感系统感知道路环境,自动规划行车路线并控制车辆到达预定目的地的智能汽车。

它是利用车载传感器来感知车辆周围环境,并根据感知所获得的道路、车辆位置和障碍物信息,控制车辆的转向和速度,从而使车辆能够安全、可靠地在道路上行驶。

3.3 伦理挑战

一、项目设计意图

在过去的几十年里，机器人技术发展迅速，为人类社会带来了巨大的发展和挑战。机器人不仅提高了人类自身的生产效率，还为生产力的解放带来了积极效果。但与此同时，社会中的伦理关系也受到来自新技术发展所带来的挑战。结合自己的学习与实践，思考一下人类、技术、社会三者之间的关系。

二、项目内容

我们可以看到，机器人从诞生以来，发展越来越快，并且设计上也越来越接近人。这种现象可以称作"机器人的人化"。

一般来说，我们要求机器人：

外形必须和人一样，包括行动和表情；

声音必须是人声；

思维方式必须和人类相似；

总之是越像人越好。

但是，机器人真的是设计得越像人越好吗？

1970年，日本机器人专家森政弘提出了"恐怖谷理论"。这个理论的意思是，由于机器人与人类在外表、动作上都相当相似，所以人类也会对机器人产生正面的情感；直至到了一个特定程度，他们的反应便会突然变得极为反感，哪怕机器人与人类只有一点点差别，都会显得非常显眼刺目，让整个机器人显得非常僵硬恐怖。

那么，为什么人们会跌入恐怖谷？为什么我们会对人形机器人感到恐怖？

其原因可能有这样三点。

（1）仿真度很低，人们不怕，因为知道那是假的；仿真度高到一定程度，人们有时候就不确定真假，把真人当假人，把假人当真人，都会吓到人。

（2）和人如此相似却不是人，会让人觉得会遭到潜在的威胁。

（3）另一个可能性是，一些机器人虽然非常像人，但行动僵硬、呆滞，让人产生恐惧的联想。

讨论：知道了恐怖谷理论，科学家就在实际的设计中，尽量避免制造出让人感觉恐怖的机器人。那么，如何避免呢？

解决办法无非两种：

（1）避免恐怖谷——尽量设计得不那么像人；

（2）跨越恐怖谷——相似度超过95%，会令人产生恐怖，但是继续提高相似度，就能跨越恐怖谷。然而，这也要求相当高的技术水准。

大家赞成哪一种做法呢？（讨论并发言）

想一想：机器人技术的发展还会带来哪些问题？

三、项目实施

组织一场辩论赛，每组各推选四名同学作为正反方辩手，以"机器人优势局限之我见"为主题，展开一场辩论赛。

表 3-3-1　项目活动记录表

参赛人员	正方	一辩	二辩	三辩	四辩
	反方	一辩	二辩	三辩	四辩
内容	正方发言要点				
	反方发言要点				

4 综合项目设计示例

经历了基础阶段以及进阶阶段的实践后,设计综合实践项目,通过解决有挑战性的任务形成持续性的探究,在亲历各种实践任务的过程中,形成自身认知。

4.1 巡线赛车

一、项目设计意图

本项目是巡线行驶项目的拓展和延伸。通过分析项目可知,此项目包含巡线直道行驶、巡线直角转弯以及巡线圆弧行驶等几个部分,完成各部分的内容再进行整合,体会分而治之的问题解决方法。通过本项目的实践可以提升以下技能:

掌握程序编程的优先级和地面灰度传感器的优先级;

掌握直角处理以及其他弯道处理的方法;

熟练掌握各巡线模块的搭配使用。

二、项目内容

巡线赛车是在巡线行驶的基础上,使用传感器令小车感知环境并做出反应,运用程序控制小车移动,使小车能够在道路上顺利行驶。赛场道路模拟真实环境,有直道、直角转弯和圆弧以及一座立交桥,设计的赛车必须能在普通光照下检测黑线进行自动驾驶,需检测的黑线包括行走引导线和相关的转弯标志。

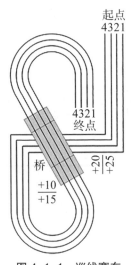

图 4-1-1　巡线赛车

三、项目解决方案

1. 项目分析

分析可知,完成道路行驶的智能巡线小车必须达到以下几个要求。

(1)小车能巡黑线自动行走。

（2）巡线小车能完整地完成弧度转弯、直角转弯动作。

（3）保证巡线小车的速度。

（4）保证完成任务的成功率。

巡线小车的设计并不难，在一般的小车上装上单片机和循迹模块即可。地面灰度传感器是机器人系列常规传感器之一，也是比较常用的一款传感器。它主要用于检测地面颜色的不同灰度值。

此项目分成直道巡线、直角转弯和圆弧巡线三个模块的子项目。直道巡线和圆弧巡线的详细处理方式可参考巡线行驶这一基础项目，这里主要分析直角转弯的处理。

2. 项目实施

（1）直角转弯处理

在日常生活中，我们出行的道路不是沿一条直线行走，会遇到各种各样的弯道，需要高超的驾驶技术来驾驶汽车。在转弯处，看见不同的路口、不同的弯道要做出正确的反应，比如直角转弯或者角度比较小的弯道，对驾驶技术要求不一样。机器人外观和汽车的形状类似，也可以进行转弯。这个项目使用四个地面灰度传感器，通过1、4地灰检测直角弯，一旦检测到直角，则立即转弯。

直角转弯的原理十分简单，在直角处将小车两电机的速率差值增大，小车就可以直接转过直角。

当1号地灰口检测到黑线时，直角赛道在小车的左边，小车应该持续左转。通过延时模块控制小车左转，使小车机身旋转90度，完成直角转弯，之后再进行巡线。

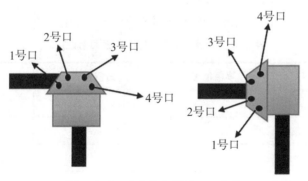

图 4-1-2　小车直角转弯——左转

同理，当4号地灰口检测到黑线时，直角赛道在小车的右边，小车应该持续右转。通过延时模块控制小车右转，使小车机身旋转90度，完成直角转弯，之后再进行巡线。

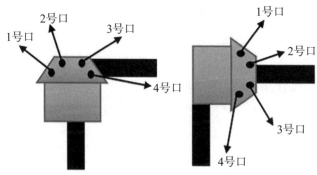

图 4-1-3　小车直角转弯——右转

（2）直角转弯问题的解决思路

使用四个地面灰度传感器检测地面灰度，根据检测到的结果让机器人调整前进方向。

当 1 号地面灰度传感器检测到黑线时，左转 90 度；

当 4 号地面灰度传感器检测到黑线时，右转 90 度；

当 2 号地面灰度传感器检测到黑线时，向左划弧前行；

当 3 号地面灰度传感器检测到黑线时，向右划弧前行；

当都没检测到黑线时，直行。

（3）直角转弯实施方法

① 数据采样并设定阈值（临界值）。

第一步：在机器人显示屏上调出内部测试界面。

第二步：将机器人放在黑、白色卡上。

第三步：观察并记录地面灰度传感器的返回值，设定阈值。

表 4-1-1　地面灰度传感器的返回值记录表

	黑色色卡	白色色卡	阈值
1 号地面灰度传感器			
2 号地面灰度传感器			
3 号地面灰度传感器			
4 号地面灰度传感器			

② 程序设计。

第一步：获取四个地面灰度传感器的返回值。

新增四个"模拟输入"模块并逐一修改模块属性。

修改第一个"模拟输入"模块属性,端口选择"通道1";检测结果选择"模拟变量1"代表1号地灰。

修改第二个"模拟输入"模块属性,端口选择"通道2";检测结果选择"模拟变量2"代表2号地灰。

修改第三个"模拟输入"模块属性,端口选择"通道3";检测结果选择"模拟变量3"代表3号地灰。

修改第四个"模拟输入"模块属性,端口选择"通道4";检测结果选择"模拟变量4"代表4号地灰。

第二步:判断地面灰度传感器的返回值与阈值的关系并设定机器人的行为。

判断1号地面灰度传感器是否检测到黑线,如果是,让机器人向左转90度。

判断4号地面灰度传感器是否检测到黑线,如果是,让机器人向右转90度。

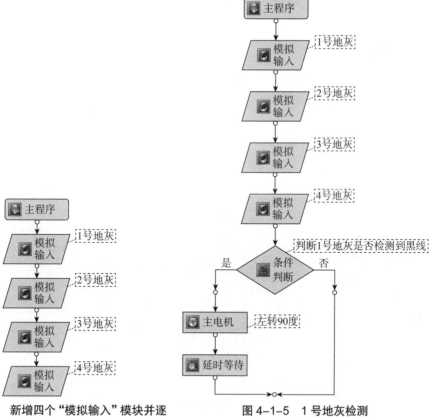

图4-1-4 新增四个"模拟输入"模块并逐
一修改模块属性

图4-1-5 1号地灰检测

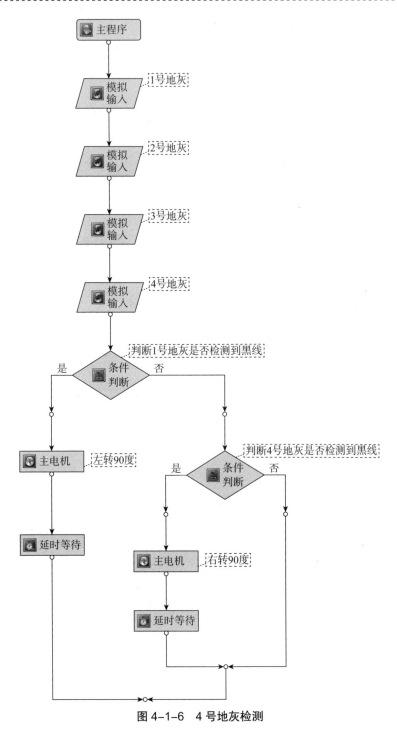

图 4-1-6　4 号地灰检测

第三步：使用 2 号和 3 号地面灰度传感器进行巡线。

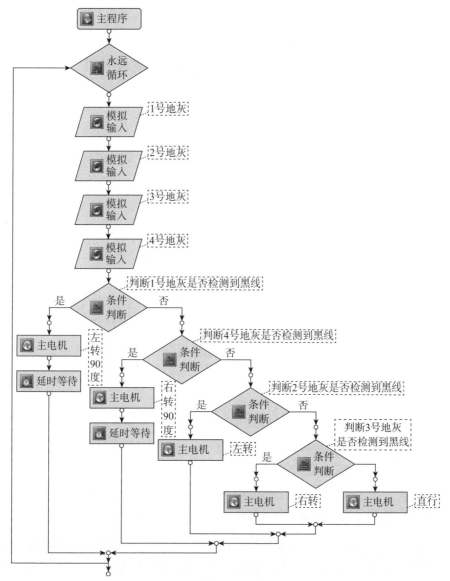

图 4-1-7 参考程序

以上，我们分析了 1 号地面灰度传感器或 4 号地面灰度传感器检测到黑线判断直角转弯。如果 1 号和 4 号地面灰度传感器同时检测到黑线，我们称为检测到路口，这个时候应该怎么办？动脑筋想一下！

四、项目拓展

桥梁也是常见的路障之一，如何使机器人安全通过桥梁呢？

（提示：在上桥的最顶端时，地灰被同时抬起，此时可以被识别为一个路口。）

4.2 创意机器人巡逻赛项目

一、项目设计意图

创新性地使用传感器完成竞技性任务，通过一些有趣的项目启发思维，激发探索热情，掌握应用于不同场合的智能机器人的开发步骤以及软件设计的基本方法，将理论向实践迁移。

通过这个项目的实践可以掌握以下知识与技能：

了解创意机器人巡逻赛的比赛规则，掌握一定的竞赛策略；

知道参赛机器人的组成元器件，掌握机器人的组装方法；

能够独立完成机器人的组装，具备一定的动手操作能力；

能够控制双段红外测障传感器不同状态下小车的运动情况；

通过常见问题以及解决方法的分析，具备一定的问题分析与解决能力。

二、项目内容

创意机器人巡逻赛项目要求机器人匀速围绕着一个长方形与两个半圆组合成的厂房的四周巡逻。比赛场地是一个比地面高出约 10 厘米的长方形平台，平台的长为 90 厘米、宽为 70 厘米。

机器人需要逆时针巡逻四圈半，前四圈自动计时。机器人小车出发后，小车的最前端触发计时器。机器人应沿着白色围边逆时针行驶，每圈都会触发一次，在满四圈的时候，触发计时器停止计时，显示的是这个机器人四圈所用的实际时间。比赛前四圈对完成时间要求非常严格，以 60 秒为基准，每相差 0.1 秒扣 1分，误差超过 5 秒得 0 分。最后半圈机器人需要自动停止在指定位置。

三、项目解决方案

我们从项目分析开始，选择元器件并进行组装，最后用编程解决问题。

1. 项目分析

分析规则可知：

（1）机器人的尺寸不限，机器人必须是自动控制的，不允许遥控；

（2）在场地中央有一个长方形与两个半圆组合成的白色围边，机器人不可靠着围边滑行；

（3）机器人需要绕着厂房但不能靠着厂房的围边滑行，我们可以利用测障传感器来实现绕行。

2. 项目实施

本项目实施包括三部分：第一部分是组装机器人，第二部分是控制机器人，第三部分是运行与调试。

（1）第一部分：组装机器人

根据分析，我们选择所需的元器件，具体元器件选择见表 4-2-1。

表 4-2-1　机器人组成元器件

器件名称	图片	数量
测障传感器		1 个
K_Mon 主控板		1 块
下底盘	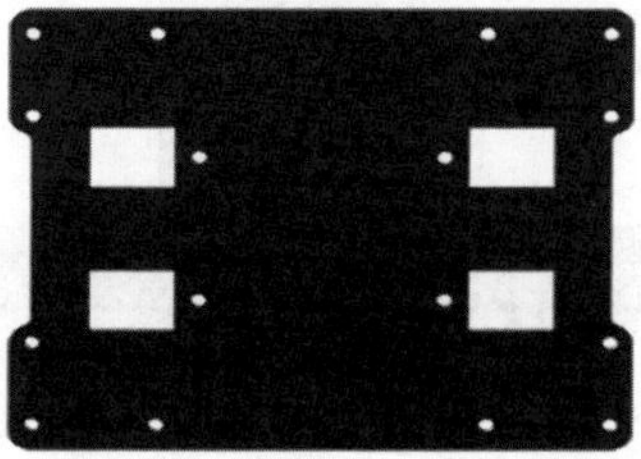	1 块

（续表）

器件名称	图片	数量
上底盘	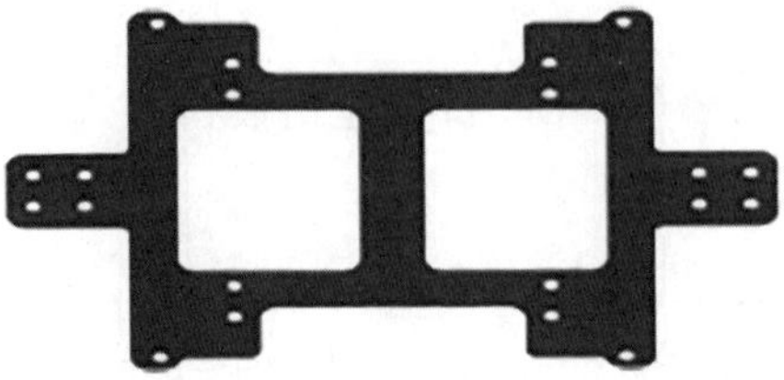	1 块
多功能板	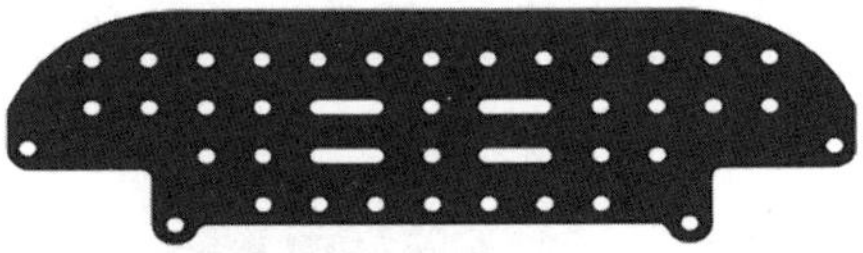	1 块
尾翼		2 块
把手		1 块
双轴输出电机		2 个

（续表）

器件名称	图片	数量
竞赛轮胎_46型		4个
电池		1块

我们已经知道要完成这个比赛项目需要使用哪些器件了，那么，这些器件是怎么组装在一起的呢？下面我们就一步一步来教大家如何进行机器人的组装。组装完成效果如图4-2-1所示。

图4-2-1　机器人效果图

由图 4-2-1 可以看出，小车整体可以分为两层。下面我们分别来介绍一下每一层的安装流程。

A. 第一层安装流程

第一层是小车的下底盘部分，下底盘安装电机、电池、轮胎等，这些是小车运动所需要的最基本器件。下底盘安装器件清单如表 4-2-2 所示。

表 4-2-2　下底盘安装器件清单

器件名称	图片	数量
地面灰度安装板		1 块
下底盘	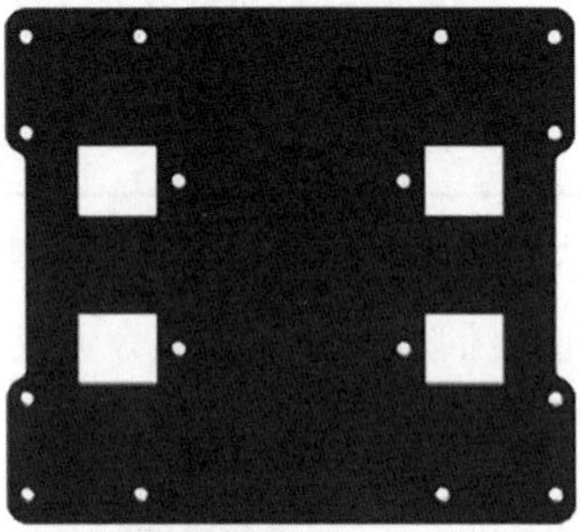	1 块
尾翼		1 块
双轴输出电机		2 个

（续表）

器件名称	图片	数量
竞赛轮胎		4 个
螺丝 M3*6	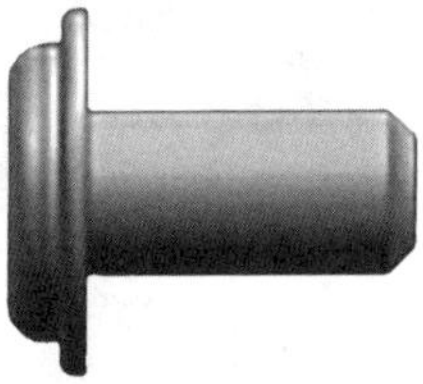	4 颗
螺丝 M3*8	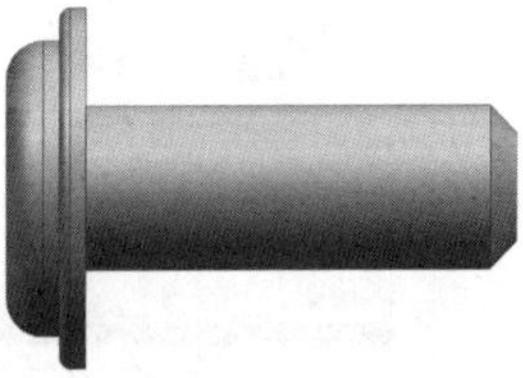	16 颗
螺丝 M3*10		2 颗

（续表）

器件名称	图片	数量
M3 自锁螺帽		4 个
塑料柱 _3*7*2		2 个
M3 弹垫		8 片
铜柱 M3*30	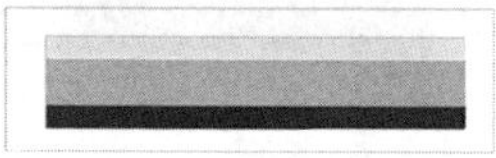	4 根
尼龙柱 M3*20		2 根
电池		1 块

第一层的组装完成效果如图 4-2-2 所示。

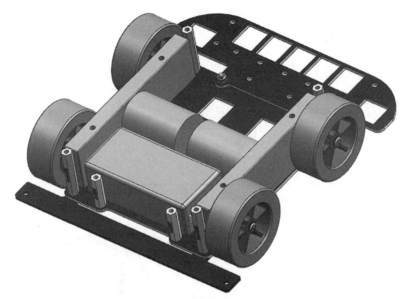

图 4-2-2 第一层组装完成效果图

下面详细介绍安装流程。

① **第一层板组装图 1**

第一层板 1 配件清单见表 4-2-3。

表 4-2-3 第一层板配件清单 1

器件名称	图片	数量
下底盘		1 块
M3 自锁螺帽		2 个

（续表）

器件名称	图片	数量
螺丝 M3*8	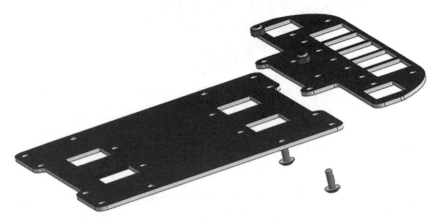	2 颗

第一层板 1 安装简图如图 4-2-3 所示。

图 4-2-3　第一层板 1 安装简图

第一层板 1 组装完成效果如图 4-2-4 所示。

图 4-2-4　第一层板 1 完成效果图

② **第一层板组装图 2**

第一层板 2 配件清单见表 4-2-4。

表 4-2-4 第一层板配件清单 2

器件名称	图片	数量
尾翼		1 块
铜柱 M3*30		4 根
螺丝 M3*8		4 颗

第一层板 2 安装简图如图 4-2-5 所示。

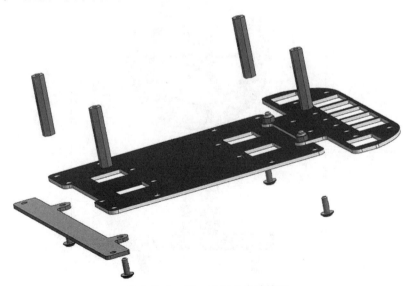

图 4-2-5 第一层板 2 安装简图

第一层板 2 组装完成效果如图 4-2-6 所示。

图 4-2-6　第一层板 2 完成效果图

③ 第一层板组装图 3

第一层板 3 配件清单见表 4-2-5。

表 4-2-5　第一层板配件清单 3

器件名称	图片	数量
竞赛轮胎		4 个
双轴输出电机		2 个

（续表）

器件名称	图片	数量
弹垫		4 片
螺丝 M3*8		4 颗

第一层板 3 安装简图如图 4-2-7 所示。

图 4-2-7　第一层板 3 安装简图

第一层板 3 组装完成效果如图 4-2-8 所示。

图 4-2-8　第一层板 3 完成效果图

④　**第一层板组装图 4**

第一层板 4 配件清单见表 4-2-6。

表 4-2-6　第一层板配件清单 4

器件名称	图片	数量
电机和轮胎		1 对
弹垫		4 片

（续表）

器件名称	图片	数量
螺丝 M3*8		4 颗

第一层板 4 安装简图如图 4-2-9 所示。

图 4-2-9　第一层板 4 安装简图

第一层板 4 组装完成效果如图 4-2-10 所示。

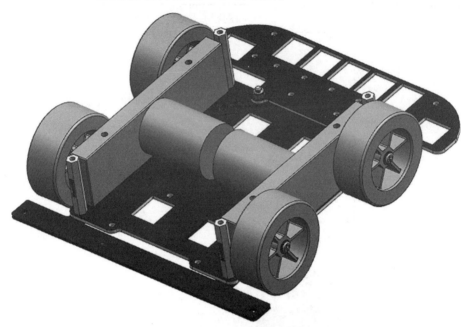

图 4-2-10　第一层板 4 完成效果图

⑤ 第一层板组装图 5

第一层板 5 配件清单见表 4-2-7。

表 4-2-7　第一层板配件清单 5

器件名称	图片	数量
尼龙柱 M3*20		2 根
螺丝 M3*8		2 颗

第一层板 5 安装简图如图 4-2-11 所示。

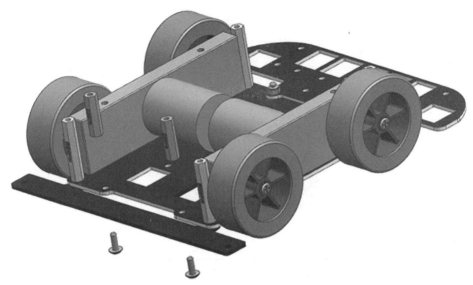

图 4-2-11 第一层板 5 安装简图

第一层板 5 组装完成效果如图 4-2-12 所示。

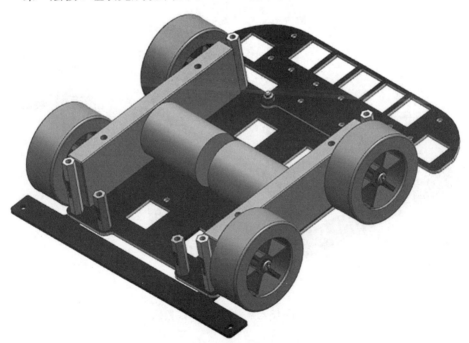

图 4-2-12 第一层板 5 完成效果图

⑥ 第一层板组装图 6

第一层板 6 配件清单见表 4-2-8。

表 4-2-8   第一层板配件清单 6

器件名称	图片	数量
电池		1块

第一层板 6 安装简图如图 4-2-13 所示。

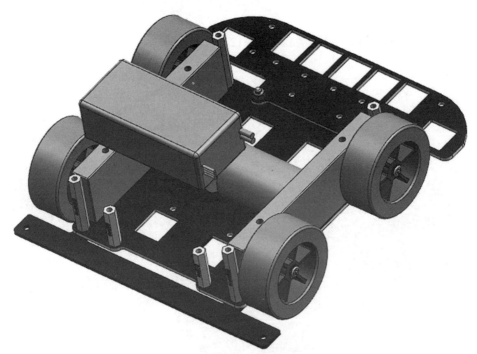

图 4-2-13   第一层板 6 安装简图

第一层板 6 组装完成效果如图 4-2-14 所示。

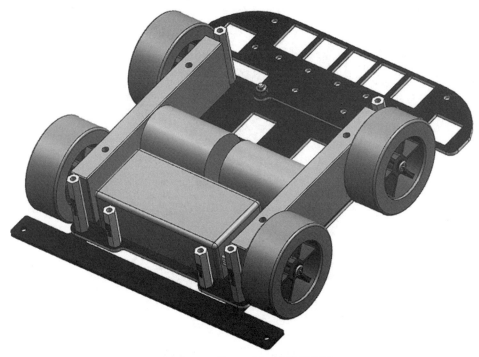

图 4-2-14　第一层板 6 完成效果图

B. 第二层安装流程

第二层是小车的上底盘，主要用于装主控板和测障传感器。安装器件清单见表 4-2-9。

表 4-2-9　上底盘安装器件清单

器件名称	图片	数量
主板		1 块

（续表）

器件名称	图片	数量
测障传感器		1个
多功能板	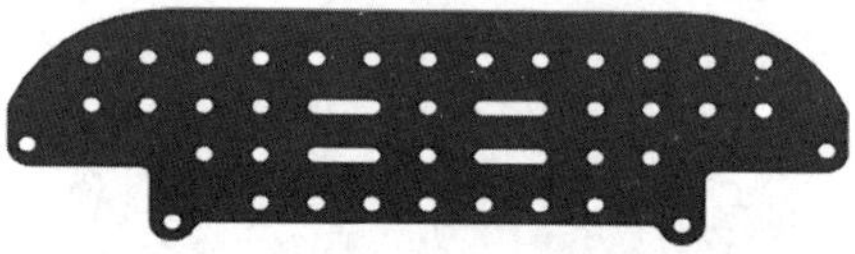	1块
上底盘	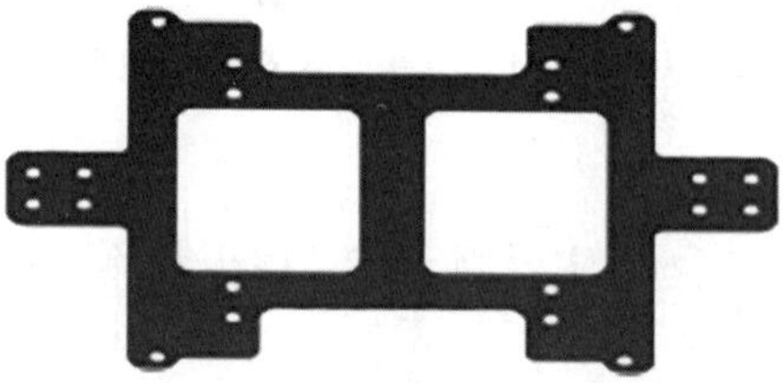	1块
尾翼		1块
尼龙柱 M3*15		4根

（续表）

器件名称	图片	数量
铜柱 M3*30	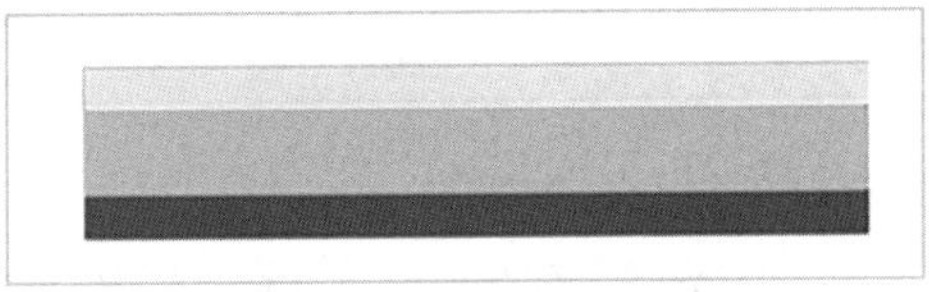	4 根
螺丝 M3*8	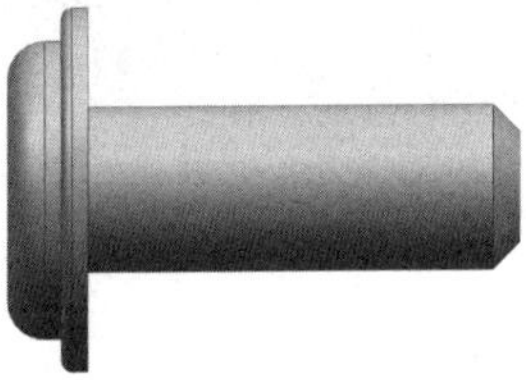	16 颗
螺丝 M3*25	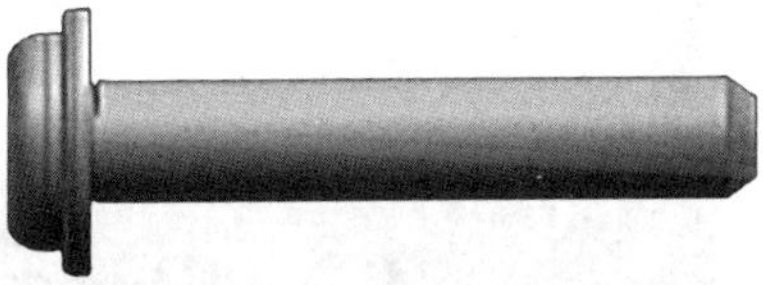	4 颗
M3 自锁螺帽		4 个

① **第二层板组装图 1**

第二层板 1 配件清单见表 4-2-10。

表 4-2-10　第二层板 1 配件清单

器件名称	图片	数量
主板		1 块
尼龙柱 M3*15		4 根
上底盘	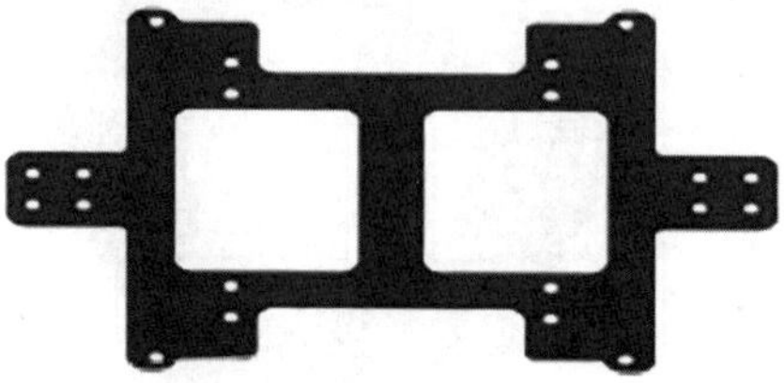	1 块

（续表）

器件名称	图片	数量
螺丝 M3*8	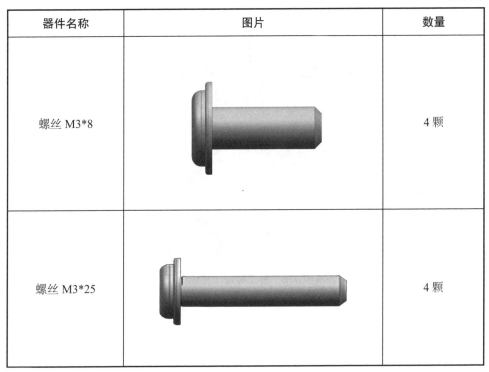	4 颗
螺丝 M3*25		4 颗

第二层板 1 安装简图如图 4-2-15 所示。

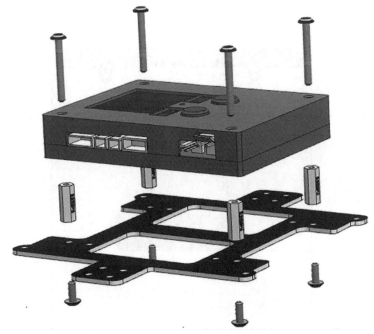

图 4-2-15　第二层板 1 安装简图

第二层板 1 组装完成效果如图 4-2-16 所示。

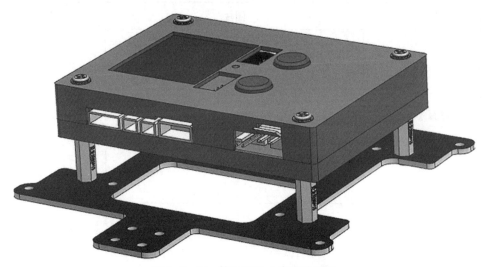

图 4-2-16　第二层板 1 完成效果图

② **第二层板组装图 2**

第二层板 2 配件清单见表 4-2-11。

表 4-2-11　第二层板 2 配件清单

器件名称	图片	数量
尾翼		1 片
螺丝 M3*8		4 颗

（续表）

器件名称	图片	数量
多功能板		1 块
主板		1 块

第二层板 2 安装简图如图 4-2-17 所示。

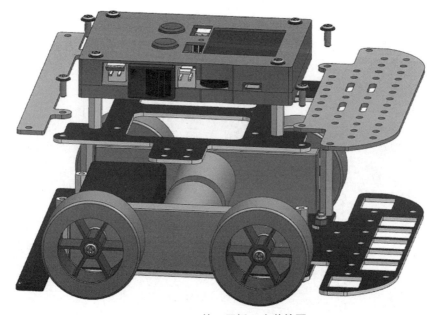

图 4-2-17　第二层板 2 安装简图

第二层板 2 组装完成效果如图 4-2-18 所示。

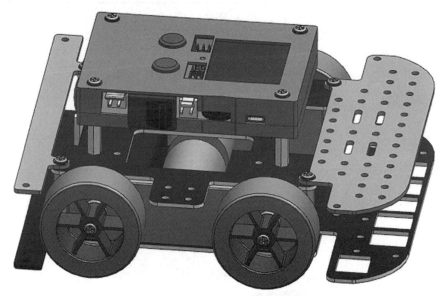

图 4-2-18　第二层板 2 完成效果图

③ 第二层板组装图 3

第二层板 3 配件清单见表 4-2-12。

表 4-2-12　第二层板 3 配件清单

器件名称	图片	数量
测障传感器		1 个

（续表）

器件名称	图片	数量
M3 自锁螺帽		1 个
螺丝 M3*8		2 颗

第二层板 3 安装简图如图 4-2-19 所示。

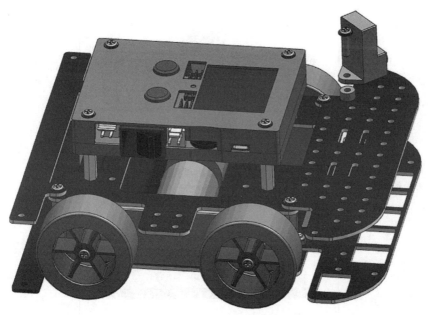

图 4-2-19　第二层板 3 安装简图

第二层板 3 组装完成效果如图 4-2-20 所示。

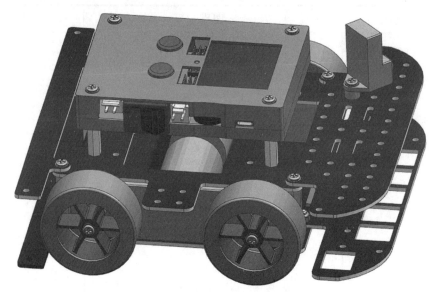

图 4-2-20　第二层板 3 完成效果图

④ 第二层板组装图 4

第二层板 4 配件清单见表 4-2-13。

表 4-2-13　第二层板 4 配件清单

器件名称	图片	数量
把手		1 块
无头螺丝 M3*16		2 颗
铜柱 M3*30		4 根

（续表）

器件名称	图片	数量
螺丝 M3*8		2 颗

第二层板 4 安装简图如图 4-2-21 所示。

图 4-2-21　第二层板 4 安装简图

第二层板 4 组装完成效果如图 4-2-22 所示。

图 4-2-22　第二层板 4 完成效果图

⑤ **第二层板组装图 5**

第二层板 5 配件清单见表 4-2-14。

表 4-2-14　第二层板 5 配件清单

器件名称	图片	数量
组装把手	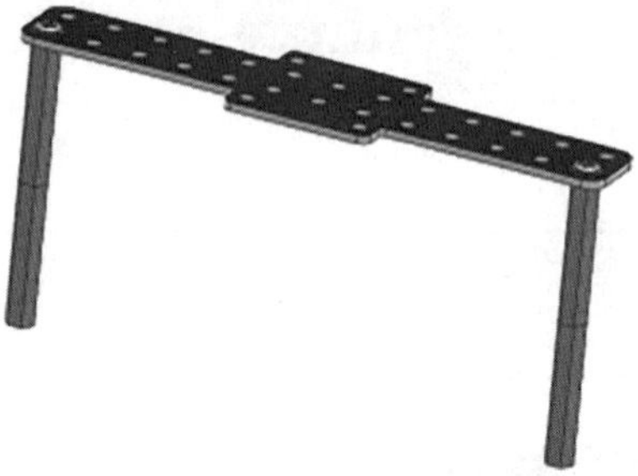	1 块
组装机器	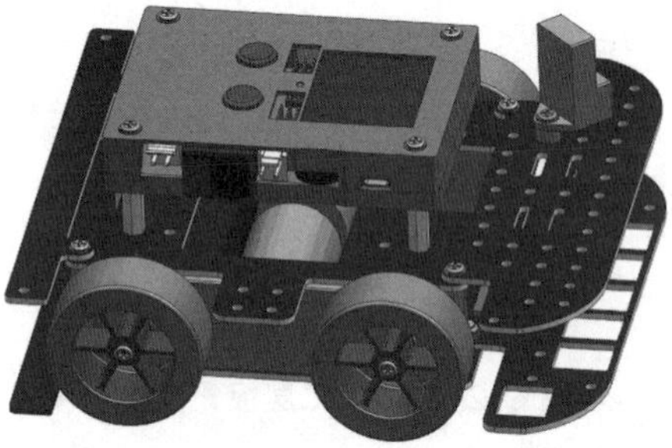	1 台
螺丝 M3*8	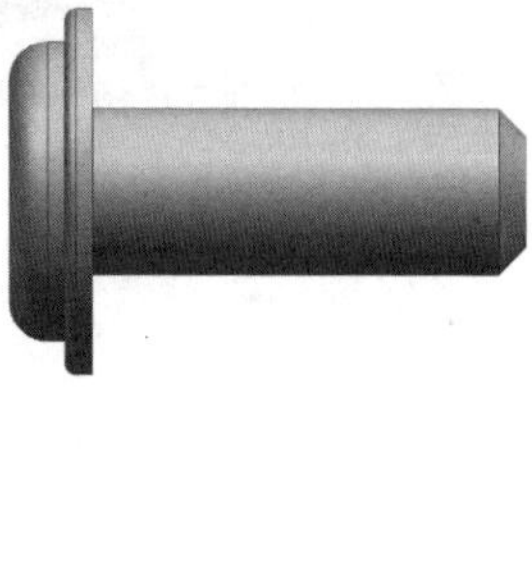	2 颗

第二层板 5 安装简图如图 4-2-23 所示。

图 4-2-23　第二层板 5 安装简图

第二层板 5 组装完成效果如图 4-2-24 所示。

图 4-2-24　第二层板 5 完成效果图

至此，本项目所需的小车组装完成。当然，本项目提供的配件较多，也可以自己进行改装。

（2）第二部分：控制机器人

通过项目分析，我们知道完成该竞赛的传感器为双段红外测障传感器。该传感器有三种状态，分别为红灯、蓝灯以及灯灭状态。我们先分析传感器三种状态下的小车运动情况。

图 4-2-25　传感器红灯状态下小车运动情况

如图 4-2-25 所示，当车体朝向障碍物运动或者离障碍物过近时，红外测障传感器亮红灯，此时车体向右转，偏离障碍物。

图 4-2-26　传感器灯不亮状态下小车运动情况

当车体偏离障碍物过远时，红外测障传感器灯不亮，此时车体向左转；在障碍物拐角处，红外测障传感器灯不亮，也需要车体向左转，此时需要左转的速度稍大才可以转过拐角。

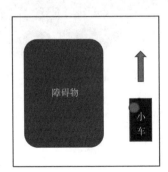

图 4-2-27　传感器灯蓝灯状态下小车运动情况

当车体处于适当位置时，红外测障传感器亮蓝灯，此时车体保持直行。如此实现车体沿障碍物行进的行为。

（3）第三部分：运行与调试

比赛规则要求机器人巡行四圈半，下面我们先进行巡行一圈的程序编写。

分析规则可知：

（1）巡行四圈的时间要求为 60 秒，因此巡行一圈的时间为 15 秒左右。

（2）通过调整速度使小车停在初始位置。

（3）过程中不可以触碰障碍物，也不可离障碍物太远而越出赛道。

红外测障传感器与 K_Mon 主控板上的连接接口见表 4-2-15。

表 4-2-15　红外测障传感器与 K_Mon 主控板上的连接接口

名称	连接
红外测障模块	模拟输入口 adc1

巡行一圈的参考程序如下所示：

```
/* 逆时针绕行障碍物一圈 */
#define gd1 getadc(1)   // 预定义
int date1 = 100;   // 测障数据，根据实际情况设定
int date2 = 300;   // 测障数据，根据实际情况设定
float t; // 浮点型变量定义
/* 主函数 */
int main ()
{
t=seconds (1)+15;       // 绕行一圈耗时 15 秒
while (seconds (1)<t)     // 当系统时间小于 15 秒时，一直执行下面程序
{
If (gd1<date1)                   // 近距离检测到有障碍物则远离
{
go (200,50);
}
else if ((gd1 < date2) && (gd1 > date1))  // 远距离检测到有障碍物则直行
{
```

```
    go (200,200);
  }
  else go (50,300);            // 无障碍物时则靠近障碍物
}
go (0,0);                      // 机器人停止
}
```

将程序下载至机器人当中，小车将绕着障碍物巡行，运行 15 秒后停止。观察此时小车停止的位置，若超过初始位置，应适当减小小车速度；若未到达初始位置，应该适当增大小车速度。整个过程中，小车不得触碰障碍物，也不可越出赛道。需要注意的是，程序中电机数值为参考数据，实际数值应该由实际场地及测试得出。

我们已经完成机器人巡行一圈的任务，现在可以正式进行竞赛项目的实施。由项目规则可知：小车从初始位置出发，要求巡行四圈的时间为 60 秒，误差不超过 5 秒，再巡行半圈在指定位置停下；巡行过程中不可触碰障碍物，也不可离障碍物太远而越出赛道。

由此我们给出如下参考程序：

```
/* 逆时针绕行障碍物四圈半 */
#define gd1 getadc(1)    // 预定义
int date1 = 100;   // 测障数据，根据实际情况设定
int date2 = 300;   // 测障数据，根据实际情况设定
float t; // 浮点型变量定义
/* 主函数 */
int main()
{
t=seconds(1)+67.5;       // 绕行一圈耗时 15 秒，共计耗时 67.5 秒
while(seconds(1)<t)      // 当系统时间小于 67.5 秒时，一直执行下面程序
{
if(gd1<date1)                    // 近距离检测到有障碍物则远离
{
go(200,50);
}
```

```
else if ((gd1 < date2) && (gd1 > date1))   // 远距离检测到有障碍物则直行
{
go(200,200);
}
else go(50,300);                           // 无障碍物时则靠近障碍物
}
go(0,0);                    // 机器人停止
}
```

将程序下载至机器人当中，小车将绕着障碍物巡行，运行 67.5 秒后停止。前 60 秒小车将绕障碍物巡行四圈，后小车停止在指定位置；最后 7.5 秒应该根据实际指定位置来设置。观察此时小车停止的位置，若超过指定位置，应适当减少时间；若未到达指定位置，应该适当增加时间。整个过程中，小车不得触碰障碍物，也不可越出赛道。需要注意的是，程序中电机数值为参考数据，实际数值应该由实际场地及测试得出。

四、常见问题及解决方法

经过该项目的方法学习和实际测试，我们对其应该有了一个较为直观的了解。与此同时，想必大家对于项目中遇到的一些出乎预料的机器人行为也会疑窦丛生。下面我们就项目中遇到的一些异常行为具体分析，希望能够帮助大家更透彻地了解创意机器人巡逻赛这一项目。

（1）车体在经过转弯部分时易偏离障碍物较远。

原因：可能是电机功率设置问题，当经过障碍物直角部分时，指示灯不亮，车体往左偏转，但由于偏转角度并未达到实际转弯需要，使得车子偏离障碍物较远。

解决方法：可适当增大测障传感器指示灯不亮状态下两电机功率的差值。

（2）车体在经过转弯部分时总会碰撞到障碍物，甚至无法过去。

原因一：当经过障碍物直角部分时，指示灯不亮，此时车体左转幅度过大，而指示灯亮红灯时，右转幅度过小，导致车体碰撞到障碍物，甚至无法绕过障碍物。

解决方法：左转过程中，适当减小两电机的功率差，以减小转弯弧度；右转过程中，适当增大两电机的功率差，以增大转弯弧度。

原因二：传感器的安装角度过于垂直，在转弯部分指示灯提前不亮，导致小车转弯的空间过小。

解决方法：调整传感器的角度，留出小车转弯的空间。

原因三：红灯状态下的距离设定太小，使得在过直角时直接撞到障碍物。

解决方法：增大测障传感器红灯状态下的距离。

（3）车身抖动幅度较大，绕行不够顺畅。

原因一：红灯状态下车体偏离障碍物速度过大，灯灭状态下车体靠近障碍物的速度过大，由此导致车体行走状态很不稳定。

解决方法：可整体减小两电机的功率差值。

原因二：测障传感器的近距离值和远距离值无明显区分，使得小车一直处于远离和靠近的状态，从而导致抖动幅度过大。

解决方法：适当增加远距离状态的距离，使小车有一个直行的过程，降低小车的抖动频率。

4.3 推杯机器人

一、项目设计意图

通过这个项目的实践可以掌握以下知识与技能：

解读推杯机器人的比赛规则，掌握一定的竞赛策略；

掌握机器人的组装方法，能够独立完成机器人的组装，具备一定的动手操作能力；

掌握出发、循迹和圆圈三部分的比赛方法与策略；

了解推杯机器人中的常见问题以及解决方法，具备一定的问题分析与解决能力。

二、项目内容

推杯机器人项目是一个非常流行的竞赛项目。参赛选手需要设计一款规定尺寸内的机器人，在限定场地（如图 4-3-1 所示）内根据竞赛规则推除纸杯来得分。比赛开始时，参赛选手摆放好机器人，然后启动机器人。机器人先沿黑线行走至黑圈处，然后进行推杯动作，将纸杯推出圈外（俯视纸杯与黑圈没有任何接触，完全在黑圈外面）。在规定时间内，推出的纸杯数量越多，得分越高。在比赛过程中，机器人推出的杯子将进行累加计算，比赛结束后记录该参赛队伍推出的杯子总数与完成任务所花的总时间。比赛持续计时，以在规定时间内最终有效得分作为本队成绩。

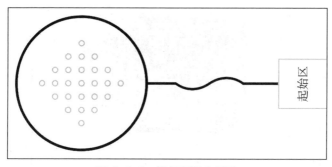

图 4-3-1 推杯机器人场地

三、项目解决方案

1. 项目分析

分析规则可知：

（1）参赛机器人必须自主控制运行，不可遥控。机器人整体外形尺寸在比赛前与比赛过程中都不可超过 20*20*20 厘米。机器人的重量、制作材料、产品型号、传感器等不受限制。

（2）在推杯的过程中，机器人不允许走出黑圈（俯视机器人车体任意部分或全部在黑圈里面）。

（3）比赛开始时，参赛选手摆放好机器人，然后启动机器人。机器人先沿黑线行走至黑圈处，然后进行推杯动作，将纸杯推出圈外（俯视纸杯与黑圈没有任何接触，完全在黑圈外面）。在规定时间内，推出的纸杯数量越多，得分越高。

推杯机器人项目要求机器人小车依靠黑线自动行走到达圆圈内部，并将圆圈内部的杯子全部推出圈外。故本项目有两个任务，一是完成循黑线行驶，二是完成推杯子。循黑线需要的传感器为地面灰度传感器，我们可以选择四个地面灰度传感器；推杯子可以使用超声波传感器。

2. 项目实施

本项目实施包括三部分：第一部分是组装机器人，第二部分是控制机器人，第三部分是运行与调试。

（1）第一部分：组装机器人

根据分析，我们选择所需的元器件，具体元器件选择见表 4-3-1。

表 4-3-1　机器人所需元器件

器件名称	图片	数量
地面灰度传感器		4 个

（续表）

器件名称	图片	数量
超声波测距传感器		1 个
K_Mon 主控板		1 块
下底盘		1 块
上底盘		1 块
地面灰度安装板		1 块

器件名称	图片	数量
多功能板	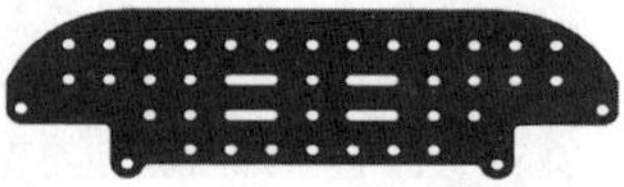	1块
尾翼		2块
把手		1块
双轴输出电机		2个
竞赛轮胎_46型		4个

（续表）

器件名称	图片	数量
EADC 转接卡 _8L		1 块
电池		1 块

知道要完成这个比赛项目需要使用哪些器件了，那么，这些器件是怎么组装在一起的呢？我们就一步一步来组装机器人，组装完成效果如图 4-3-2 所示。

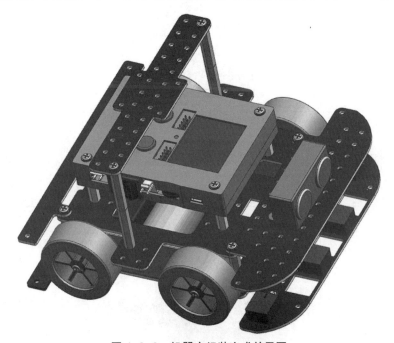

图 4-3-2　机器人组装完成效果图

由图 4-3-2 可以看出，小车整体可以分为两层。下面我们分别来介绍一下每一层的安装流程。

A. 第一层安装流程

第一层是小车的下底盘部分。下底盘安装电机、电池、轮胎等，这些是小车运动所需要的最基本器件。小车需要进行循迹，还要加上地灰安装板等。下底盘安装器件清单见表 4-3-2。

表 4-3-2　下底盘安装器件清单

器件名称	图片	数量
地面灰度安装板		1 块
下底盘	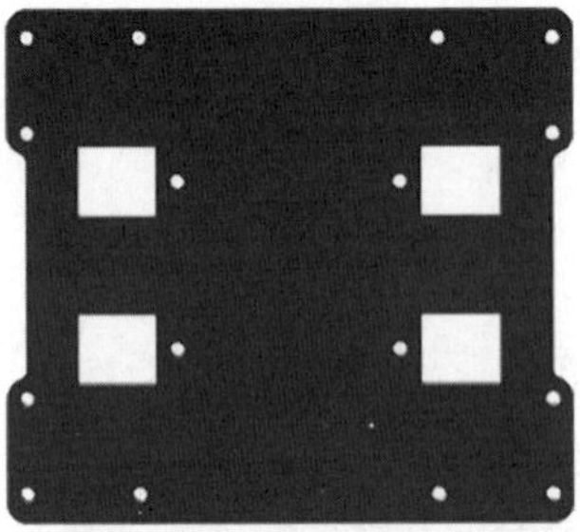	1 块
尾翼		1 块
地面灰度传感器	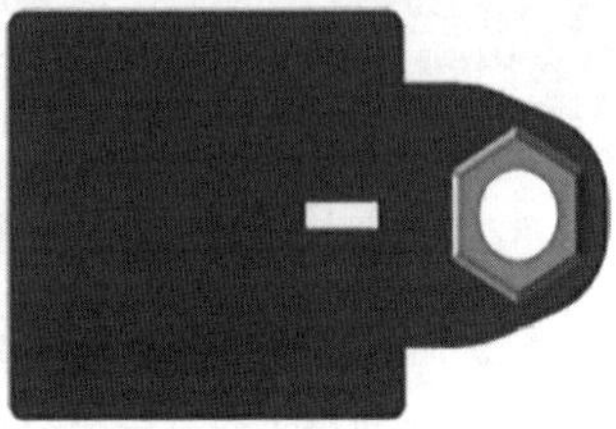	4 个

（续表）

器件名称	图片	数量
EADC 转接卡 _8L		1 块
双轴输出电机		2 个
竞赛轮胎 _46 型		4 个
螺丝 M3*6	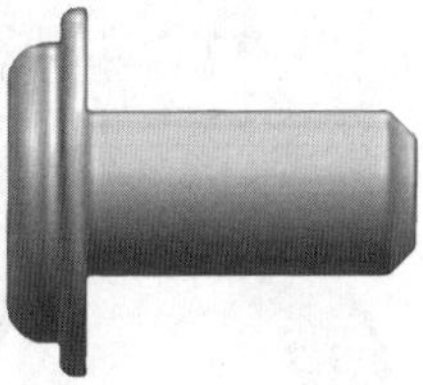	4 颗
螺丝 M3*8	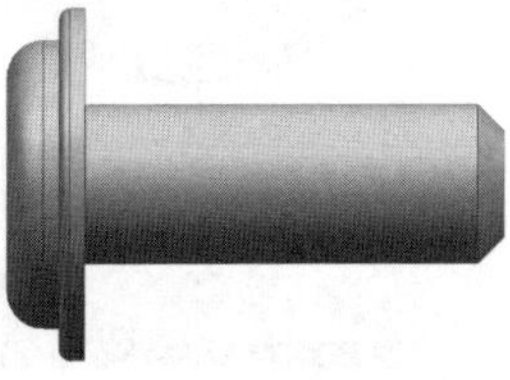	16 颗

（续表）

器件名称	图片	数量
螺丝 M3*10	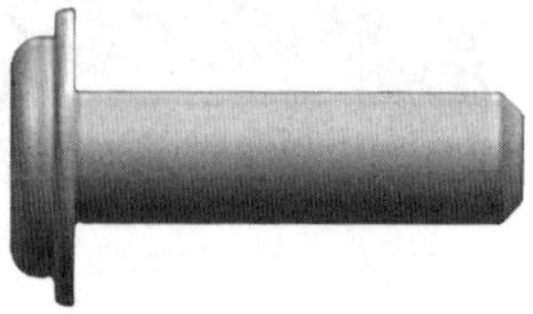	2 颗
M3 自锁螺帽		4 个
塑料柱 _3*7*2		2 根
M3 弹垫		8 片
铜柱 M3*30	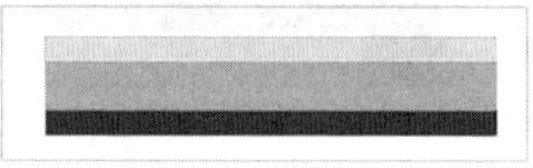	4 根

（续表）

器件名称	图片	数量
尼龙柱 M3*20		2 根
电池		1 块

第一层的组装完成效果如图 4-3-3 所示。

图 4-3-3　第一层组装完成效果图

下面详细介绍安装流程。

① **第一层板组装图 1**

第一层板 1 配件清单见表 4-3-3。

表 4-3-3　第一层板 1 配件清单

器件名称	图片	数量
地面灰度安装板		1 块
螺丝 M3*6		4 颗
地面灰度传感器		4 个

第一层板 1 安装简图如图 4-3-4 所示。

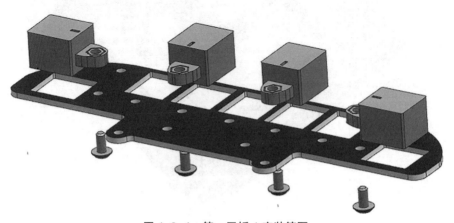

图 4-3-4　第一层板 1 安装简图

第一层板 1 组装完成效果如图 4-3-5 所示。

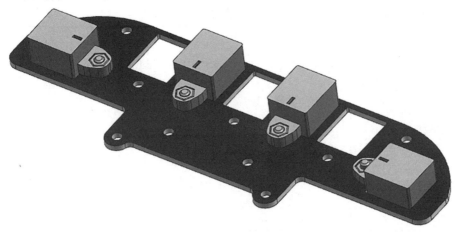

图 4-3-5　第一层板 1 完成效果图

② 第一层板组装图 2

第一层板 2 配件清单见表 4-3-4。

表 4-3-4　第一层板 2 配件清单

器件名称	图片	数量
EADC 转接卡 _8L		1 块
塑料柱 _3*7*2		2 根

（续表）

器件名称	图片	数量
螺丝 M3*10		2 颗
M3 自锁螺帽		2 个

第一层板 2 安装简图如图 4-3-6 所示。

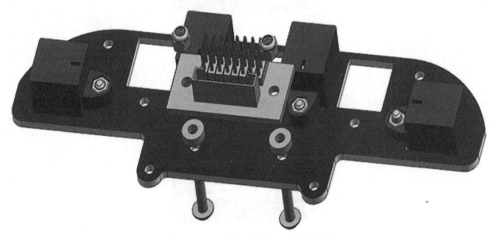

图 4-3-6　第一层板 2 安装简图

第一层板 2 组装完成效果如图 4-3-7 所示。

图 4-3-7　第一层板 2 完成效果图

③ 第一层板组装图 3

第一层板 3 配件清单见表 4-3-5。

表 4-3-5　第一层板 3 配件清单

器件名称	图片	数量
下底盘		1 块
M3 自锁螺帽		2 个

（续表）

器件名称	图片	数量
螺丝 M3*8		2 颗

第一层板 3 安装简图如图 4-3-8 所示。

图 4-3-8　第一层板 3 安装简图

第一层板 3 组装完成效果如图 4-3-9 所示。

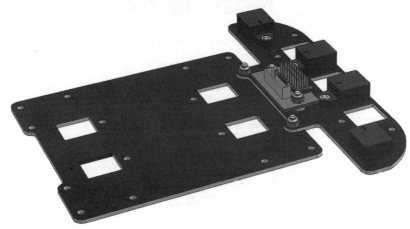

图 4-3-9　第一层板 3 完成效果图

④ **第一层板组装图 4**

第一层板 4 配件清单见表 4-3-6。

表 4-3-6　第一层板 4 配件清单

器件名称	图片	数量
尾翼		1 块
铜柱 M3*30		4 根
螺丝 M3*8		4 颗

第一层板 4 安装简图如图 4-3-10 所示。

图 4-3-10　第一层板 4 安装简图

第一层板4组装完成效果如图4-3-11所示。

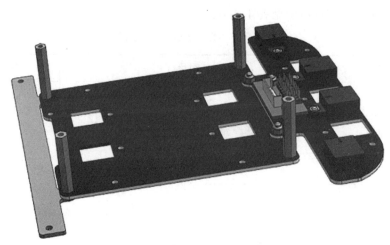

图4-3-11 第一层板4完成效果图

⑤ 第一层板组装图5

第一层板5配件清单见表4-3-7。

表4-3-7 第一层板5配件清单

器件名称	图片	数量
尼龙柱 M3*20		2根
螺丝 M3*8		2颗

第一层板 5 安装简图如图 4-3-12 所示。

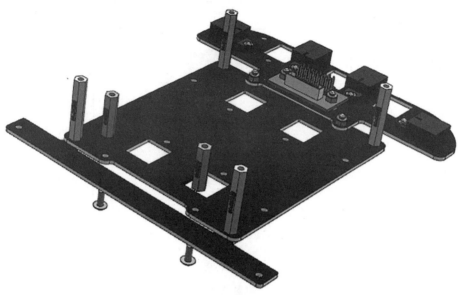

图 4-3-12　第一层板 5 安装简图

第一层板 5 组装完成效果如图 4-3-13 所示。

图 4-3-13　第一层板 5 完成效果图

⑥ **第一层板组装图 6**

第一层板 6 配件清单见表 4-3-8。

表 4-3-8　第一层板 6 配件清单

器件名称	图片	数量
竞赛轮胎 _46 型		4 个
双轴输出电机		2 个
M3 弹垫		4 片
螺丝 M3*8	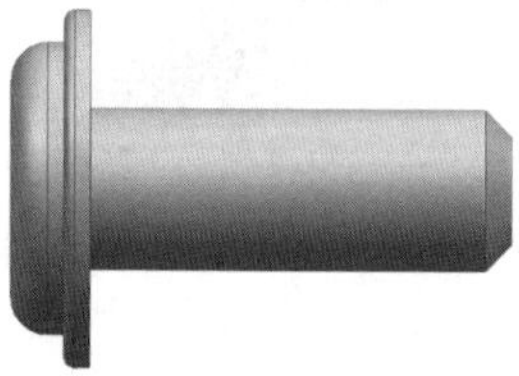	4 颗

第一层板 6 安装简图如图 4-3-14 所示。

图 4-3-14　第一层板 6 安装简图

第一层板 6 组装完成效果如图 4-3-15 所示。

图 4-3-15　第一层板 6 完成效果图

⑦ **第一层板组装图 7**

第一层板 7 配件清单见表 4-3-9。

表 4-3-9　第一层板 7 配件清单

器件名称	图片	数量
电机轮胎	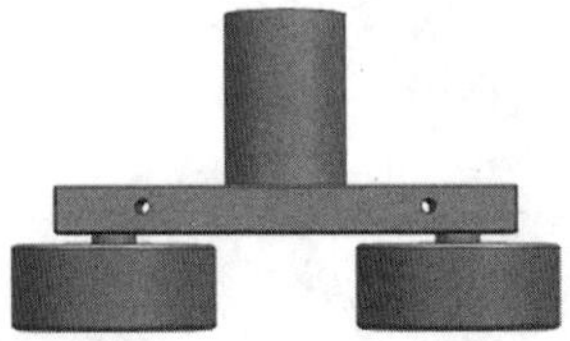	4 个
弹垫		4 片
螺丝 M3*8	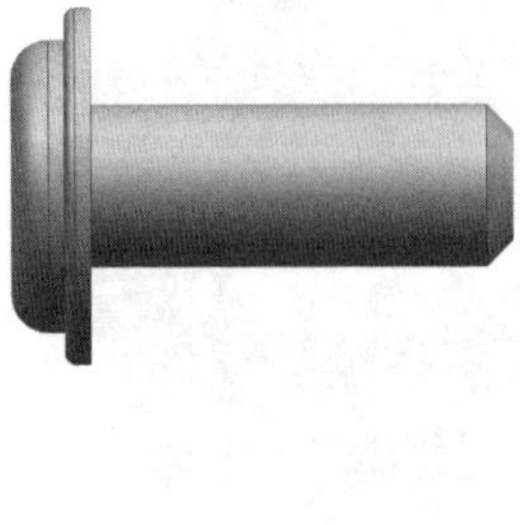	4 颗

第一层板 7 安装简图如图 4-3-16 所示。

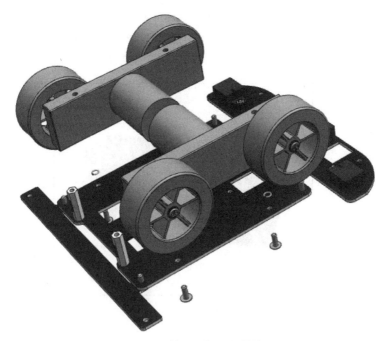

图 4-3-16　第一层板 7 安装简图

第一层板 7 组装完成效果如图 4-3-17 所示。

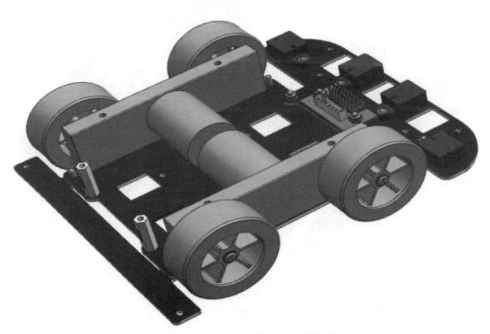

图 4-3-17　第一层板 7 完成效果图

⑧ 第一层板组装图8

第一层板8配件清单见表4-3-10。

表4-3-10　第一层板8配件清单

器件名称	图片	数量
电池		1块

第一层板8安装简图如图4-3-18所示。

图4-3-18　第一层板8安装简图

第一层板8组装完成效果如图4-3-19所示。

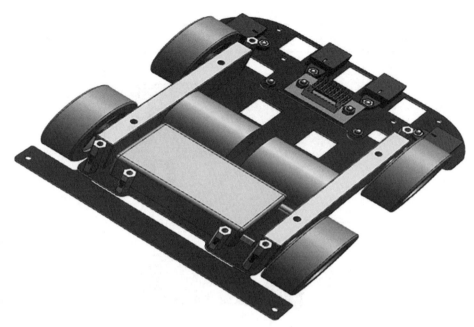

图 4-3-19 第一层板 8 完成效果图

第一层板组装好了，下面来组装第二层板。

B. 第二层安装流程

第二层是小车的上底盘部分，主要用于安装主控板和超声波测距传感器。

第二层板安装器件清单见表 4-3-11。

表 4-3-11 第二层板安装器件清单

器件名称	图片	数量
主板		1 块

器件名称	图片	数量
超声波测距传感器	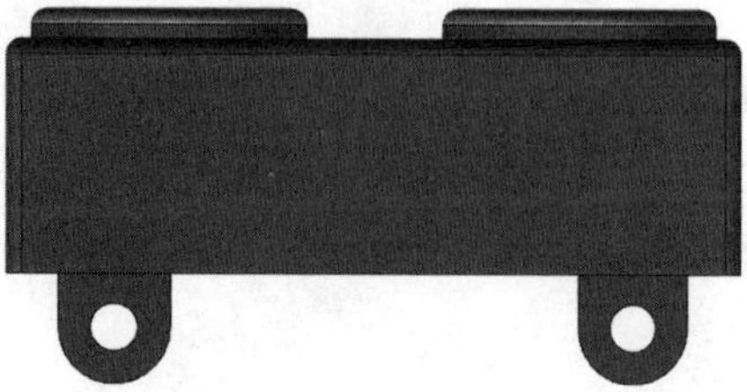	1个
多功能板	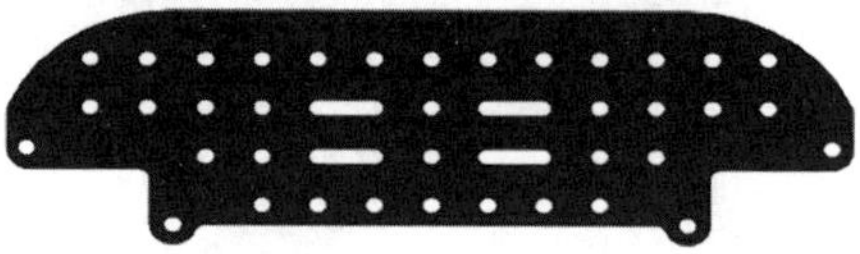	1块
上底盘	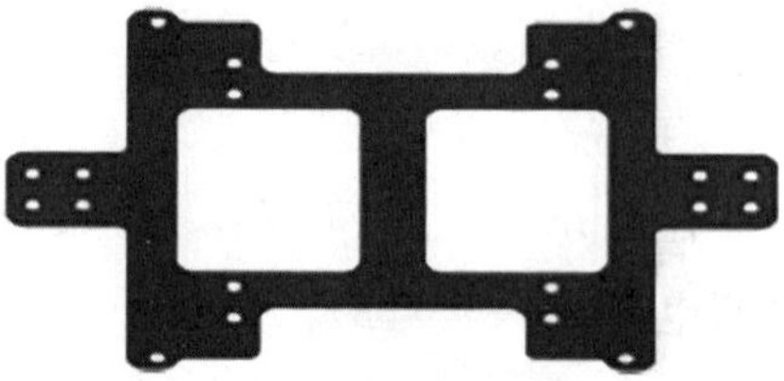	1块
把手		1块
尾翼		1块

（续表）

器件名称	图片	数量
尼龙柱 M3*15		4 根
无头螺丝 M3*16		2 颗
铜柱 M3*30	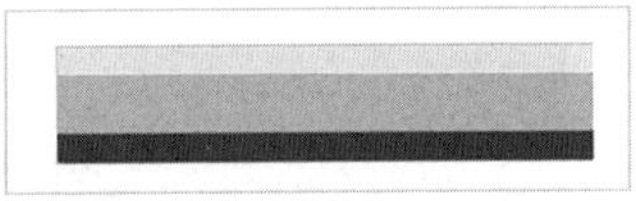	4 根
M3 自锁螺帽		2 个
螺丝 M3*8	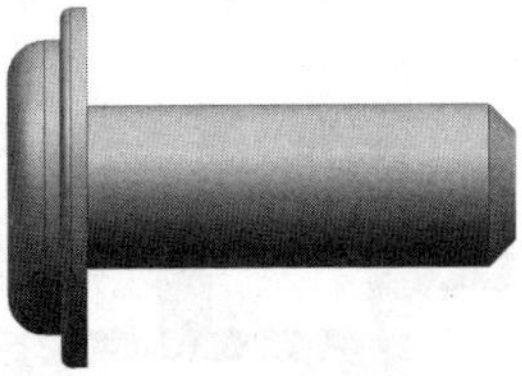	14 颗

（续表）

器件名称	图片	数量
螺丝 M3*25	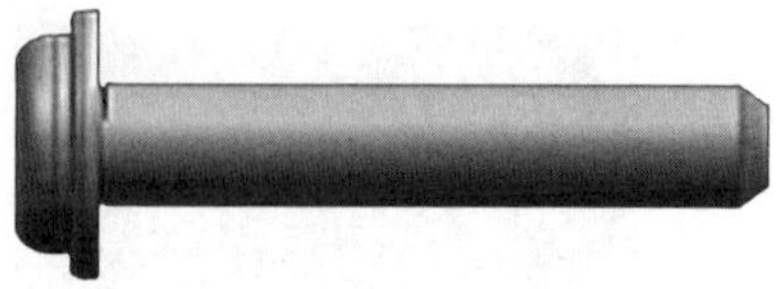	4 颗

① 第二层板组装图 1

第二层板 1 配件清单见表 4-3-12。

表 4-3-12　第二层板 1 配件清单

器件名称	图片	数量
主板		1 块
尼龙柱 M3*15		4 根
上底盘		1 块

（续表）

器件名称	图片	数量
螺丝 M3*8		4 颗
螺丝 M3*25		4 颗

第二层板 1 安装简图如图 4-3-20 所示。

图 4-3-20 第二层板 1 安装简图

143

第二层板 1 组装完成效果如图 4-3-21 所示。

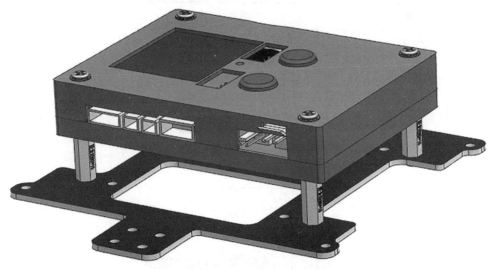

图 4-3-21　第二层板 1 完成效果图

② 第二层板组装图 2

第二层板 2 配件清单见表 4-3-13。

表 4-3-13　第二层板 2 配件清单

器件名称	图片	数量
超声波测距传感器		1 个
M3 自锁螺帽		2 个

（续表）

器件名称	图片	数量
螺丝 M3*8		2 颗

第二层板 2 安装简图如图 4-3-22 所示。

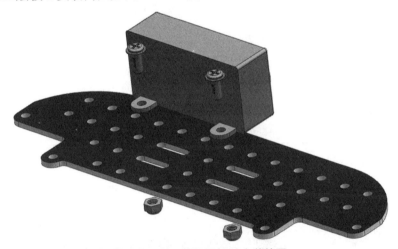

图 4-3-22 第二层板 2 安装简图

第二层板 2 组装完成效果如图 4-3-23 所示。

图 4-3-23 第二层板 2 完成效果图

③ 第二层板组装图 3

第二层板 3 配件清单见表 4-3-14。

表 4-3-14　第二层板 3 配件清单

器件名称	图片	数量
尾翼		1 块
螺丝 M3*8		4 个

第二层板 3 安装简图如图 4-3-24 所示。

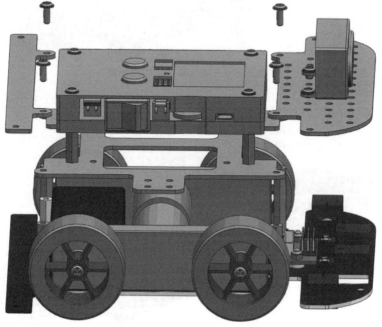

图 4-3-24　第二层板 3 安装简图

第二层板 3 组装完成效果如图 4-3-25 所示。

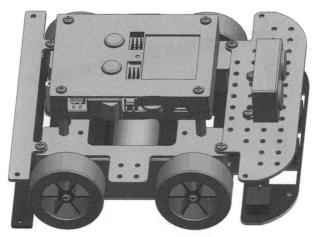

图 4-3-25　第二层板 3 完成效果图

④ 第二层板组装图 4

第二层板 4 配件清单见表 4-3-15。

表 4-3-15　第二层板 4 配件清单

器件名称	图片	数量
把手		1 块
铜柱 M3*30		4 根
螺丝 M3*8		2 颗

第二层板 4 安装简图见图 4-3-26 所示。

图 4-3-26　第二层板 4 安装简图

第二层板 4 组装完成效果如图 4-3-27 所示。

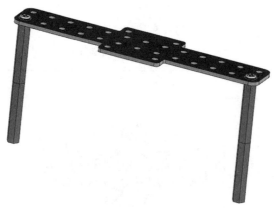

图 4-3-27　第二层板 4 完成效果图

⑤ 第二层板组装图 5

第二层板 5 配件清单见表 4-3-16。

表 4-3-16　第二层板 5 配件清单

器件名称	图片	数量
组装把手		1 块

（续表）

器件名称	图片	数量
组装机器		1 台
螺丝 M3*8		2 颗

第二层板 5 安装简图如图 4-3-28 所示。

图 4-3-28　第二层板 5 安装简图

第二层板 5 组装完成效果如图 4-3-29 所示。

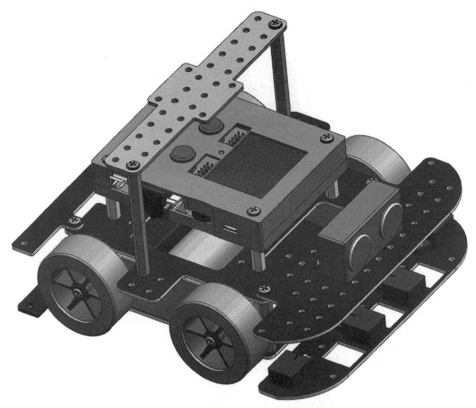

图 4-3-29　第二层板 5 完成效果图

至此，本项目所需的小车组装完成。当然，大家也可以根据自己的需求进行改装。

（2）第二部分：控制机器人

赛道一共由三个部分组成，即出发区域、循迹部分和圆圈部分。下面为大家详细讲解在项目中会遇到的一些难点问题，掌握这些难点之后再来完成比赛任务，将变得很容易。

A. 出发、巡线

竞赛场地的蓝色方框为出发区域，比赛要求小车在静止状态下任意部分不得超过该蓝色方框，否则会判定小车的尺寸犯规。

小车从起始区域出发，经过一段曲线后，到达圆圈区域开始推杯。为防止蓝色方框影响地面灰度传感器巡线，我们应该先让小车前进一小段，待地面灰度传感器完全超出蓝色方框，才正式巡线。出发、巡线参考程序如下所示：

```
/* 预定义端口 */
#define gd1 geteadc(1)
#define gd2 geteadc(2)
#define gd3 geteadc(3)
#define gd4 geteadc(4)
/*--- 函数声明 ---*/
void go_line(void);      // 沿黑线走
/*--- 变量定义 ---*/
int a1,a2,a3,a4;
int main(void)/*--- 主函数 ---*/
{
  a1=250;a2=160;a3=300;a4=200;// 地灰黑白中间值，需根据实际场地环境修改
  go(300,300);wait(0.3); // 前冲过起点，距离通过时间控制
  while(1)
  {
    go_line();          // 循线
  }
}
void go_line(void)      // 循线函数
{
  if(gd2>a2) go(50,500); // 巡线
  else if(gd3>a3) go(500,50);
  else go(400,400);
}
```

B. 交叉口识别

在巡线进入圆圈时，小车会经过一个交叉口。只有识别出此交叉口，小车才能继续下一阶段的行为。小车有四个地灰，我们用中间 2、3 号地灰检测直线和曲线行走，用 1、4 号地灰检测交叉路口。

如果 1 号地灰先检测到黑线，机器人原地左转一段时间；在左转过程中如果 4 号地灰检测到黑线则判定是交叉路口，如果没有检测到则判定是普通路口。如

图 4-3-30 所示：

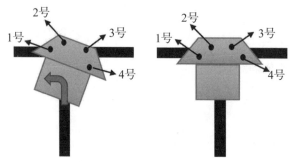

图 4-3-30　交叉口识别

如果 4 号地灰先检测到黑线，机器人原地右转一段时间；在右转过程中如果 1 号地灰检测到黑线则判定是交叉路口，如果没有检测到则判定是普通路口。如图 4-3-31 所示：

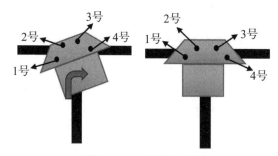

图 4-3-31　交叉口识别

交叉口识别的参考程序如下（判断为交叉口时小车立即停止运动）：

```
void intersection(void) /*--- 交叉口识别 ---*/
{
 float t1;    // 定义浮点型变量 t1
 if(gd1>a1) // 判断 1 号地灰测到黑线
 {
go(-150,250); // 原地左转
t1=seconds(1)+0.22; //0.22 为控制原地转弯角度的时间
while(seconds(1)<t1)   // 在 0.22 秒内检测路口
{
   if(gd4>a4)   // 判断 4 号地灰测到黑线
```

```
        {
    return;// 退出循环
        }
     }
   }
  if(gd4>a4)   /// 判断 4 号地灰测到黑线
  {
go(250,-150);   // 原地右转
t1=seconds(1)+0.22;  //0.22 为控制原地转弯角度的时间
while(seconds(1)<t1)   //0.22 秒内检测路口
   {
     if(gd1>a1) // 判断 1 号地灰测到黑线
     {
return;// 退出循环
       }
      }
    }
  }
```

（3）第三部分：运行与调试

在识别交叉口后，小车就可以进行推杯运动了。推杯的原则就是尽可能地将杯子按照比赛规则全部推出圈外，同时最大限度上节省时间。为此我们介绍一种方法：切分法。

切分法就是将圈内面积划分出多个圆弧块，以圆心为起点，依次推出圆弧块内的杯子。示意图如图 4-3-32 所示。

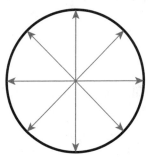

图 4-3-32　切分法示意图

小车在识别交叉口进入圆心后，立即以圆心为起点向四周辐射，推出圈内的杯子。由示意图可知，小车由圆点出发，碰到赛道黑线时立即返回至圆心，再转过一定角度重复上次运动，直至推出圈内所有的杯子。

由于车身歪斜，小车在返回圆心时产生误差，不能真正回到圆心，从而对下一次扫描运动造成不良影响。因此在实施程序当中，我们应当考虑车身的纠正。

此处我们选择 1 号和 4 号地灰进行车身纠正。

在推杯过程中，如果 1 号地灰先检测到黑线，机器人向左原地偏转，直到 4 号地灰也检测到黑线。1、4 号地灰同时在圆黑线上，相当于在圆上作两点，由圆切线原理可知，此时小车垂直退后适当距离就可以退回至圆心处。同理，如果 4 号地灰先检测到黑线，机器人向右原地偏转，直到 1 号地灰也检测到黑线，此时再后退就可以退至圆心处。

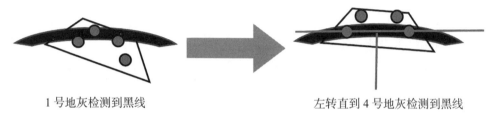

1 号地灰检测到黑线　　　　　　　　　　左转直到 4 号地灰检测到黑线

图 4-3-33　车身纠正

我们可以通过车头安装的超声波测距传感器，让小车在圆心转角的同时检测前方是否有杯子，没有的话可以直接跳过该片圆弧区域，直接进行下一个圆弧的扫描。这样也可以节省大量时间。

通过上面的学习，我们了解到巡线、交叉口处理的方法以及推杯方案。下面将用完整的代码来实现这个项目。

```
/*---- 预定义 K_Mon 教学机传感器端口变量 ----*/
#define gd1 geteadc(1)  // 地面灰度传感器
#define gd2 geteadc(2)
#define gd3 geteadc(3)
#define gd4 geteadc(4)
#define irf  getadc(1)  // 超声波测距传感器
/*<-- 函数声明 -->*/
void intersection(void);  // 交叉口识别
```

```c
void go_line(void);      // 循线
void tui_z(void);        // 切分法推杯
int a1,a2,a3,a4;  // 地灰黑白中间值变量
int irf_b; // 超声波变量

int main(void)
{
    a1=250;a2=160;a3=300;a4=200;// 地灰黑白中间值,需根据实际场地环境修改
    irf_b=380; // 超声波变量赋值

    go(300,300);wait(0.3); // 前冲过起点,距离通过时间控制
    go_line();        // 巡线

    while(1)
    {
        tui_z();          // 切分法推杯
    }
}
void intersection(void)  /*-- 交叉口识别 --*/
{
    float t1;    // 定义浮点型变量 t1
    if(gd1>a1)   // 判断 1 号地灰测到黑线
    {
        go(-150,250); // 原地左转
        t1=seconds(1)+0.22; //0.22 为控制原地转弯角度的时间
        while(seconds(1)<t1)    // 在 0.22 秒内检测路口
        {
            if(gd4>a4)     // 判断 4 号地灰测到黑线
            {
                return;// 结束循环
```

```
          }
      }
  }
  if(gd4>a4)    /// 判断 4 号地灰测到黑线
  {
    go(250,-150);    // 原地右转
    t1=seconds(1)+0.22;  //0.22 为控制原地转弯角度的时间
    while(seconds(1)<t1)   //0.22 秒内检测路口
      {
        if(gd1>a1) // 判断 1 号地灰测到黑线
        {
            return;//// 结束循环
        }
      }
  }
}
void tui_z(void) /*-- 切分法推杯 --*/
{
  if(gd1>a1)
  {
    while(gd4<a4){go(-200,400);} // 车身纠正
    go(-400,-400);wait(1.2);    // 退回圆心
  while(irf<irf_b){go(300,-300);} // 当超声波测距传感器没检测到前方的杯
子，一直右转
  }
  else if(gd4>a4)
  {
    while(gd1<a1){go(400,-200);} // 车身纠正
    go(-400,-400);wait(1.2);    // 退回圆心
    while(irf<irf_b){go(300,-300);}// 前方圈内没有杯子，一直右转
  }
```

```
    else go(400,400);         // 当 2、3 号地灰都没测到黑线时, 直走
  }
  void go_line(void) /*-- 循线 --*/
  {
   while(1)
   {
    intersection(); // 交叉口识别
    if(gd1>a1&&gd4>a4) { break;} // 判断为交叉口后立即跳出巡线程序
    else if(gd2>a2) go(50,500); // 巡线
    else if(gd3>a3) go(500,50);
    else go(400,400);
   }
  }
```

推杯方案也可以选择逐行扫描法。

逐行扫描法就是对整个圈内面积进行逐行扫描, 从而达到将圈内所有杯子推出圈外的目的。示意图如图 4-3-34 所示。

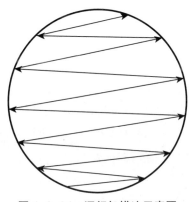

图 4-3-34　逐行扫描法示意图

小车在识别交叉口进入圈内的同时, 立即开始逐行扫描, 此时的车速及扫描角度都是经过设计的, 以确保将圈内所有面积都扫描一遍。由示意图可知, 小车在圈内按照一定角度行进, 当碰到赛道黑线时立即转向, 再在圈内进行扫描, 在扫描完圈内面积后即可推出圈内的杯子。

逐行扫描法的关键在于圈内小车运动的角度及速度, 确保将所有的圈内面积

都扫描一遍。设计者可以自行编写逐行扫描法的推杯程序。

四、常见问题及解决方法

（1）使用切分法时机器人推杯子出现遗漏。

原因一：可能是切分角度过大，导致出现死角。

解决方法：适当调整切角度即可解决问题。

原因二：车体结构不科学，在推杯过程中杯子脱离车体。

解决方法：在比赛规则允许的范围内合理改进车体结构。

（2）同样的程序，多次测试后车体的轨迹路线发生明显的变化。

原因一：可能是电池电压消耗过大，无法给车身提供足够的动力来维持之前测试所表现出来的状态。

解决方法：停止测试，将车体关机并充电。

原因二：地面不够整洁或者车体轮胎有杂屑，使摩擦力过大从而影响了车身的路线行走轨迹。

解决方法：将测试场地或者车体轮胎清洁干净。

（3）推杯过程结束后，发现杯子压线，甚至完全未推出。

原因：推杯过程中，地面灰度传感器在检测到黑线后，小车立即退回圆圈或者前进距离较短，都会导致杯子压线的情况。

解决方法：地面灰度传感器检测到黑线的时候，车子可以适当前行一段距离，使杯子完全推出黑圈。需要注意的是，俯视车子时车体不可完全离开黑圈。

（4）如何通过改装小车提高推杯效率。

在实际推杯的过程中，我们可以发现，小车的推杯效率不仅和程序方案有关，不同的硬件结构也会影响小车的推杯效率。通过增加小车前方推杯的有效长度，如添加牛角钩等，可以增加小车的推杯效率。

附录

本书使用的是 K_Mon 机器人套件。

1. K_Mon 机器人套件组成

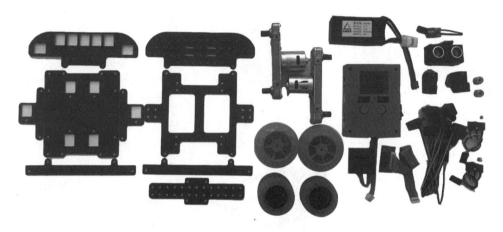

配件表

名称	图片	功能说明
K_Mon 控制板		它通过连接各种传感器获得各种信息，进行分析处理，并发出指令，是组装完成后的机器人的"大脑"
超声波测距传感器		通过发射并接收反射回的超声波来测量传感器和前方物体的距离

（续表）

名称	图片	功能说明
红外测障传感器_双段		该传感器用于检测传感器前方是否有障碍物，检测距离为5—100厘米
地面灰度传感器 I_2W		该传感器由2个发光管与1个光敏传感器组成，主要用于检测地面不同颜色的灰度值
微动开关		通过检测开关的闭合状态，判断机器人是否发生碰撞
拨码开关		拨码开关是一种需要手动操作的微型开关，在使用过程中根据其拨动位置来组成2的n次方个不同状态（n为拨码开关的位数），从而实现不同的功能
数字指南针 II		用于判断机器人的方向，返回值为0—359

名称	图片	功能说明
双轴输出电机		机器人重要的驱动装置，通过电机转动带动轮子的滚动，实现机器人的移动，既可以前进后退，又可以左转右转
竞赛轮胎 46 型		竞赛专用平面型轮胎，采用防滑耐磨材料制成，直径 46 厘米，稳定性较高
竞赛轮胎 56 型		竞赛专用弧面型轮胎，采用防滑耐磨材料制成，直径 56 厘米，弧线行驶时较为顺畅
EADC 转接卡 _8L		用于接口相互转换
锂电池 3564		机器人的能源，给机器人供电

（续表）

名称	图片	功能说明
上底盘		固定主板、尾翼、多功能板等
下底盘		固定电机、电池、地面灰度板等
地面灰度板		安装地面灰度传感器的拓展板
多功能板		安装测障、超声波等传感器的拓展板
侧板		用于在侧面安装地面灰度传感器

（续表）

名称	图片	功能说明
尾翼		连接上下底板
把手		安装指南针或拨码开关的拓展板

2. K_Mon 控制板

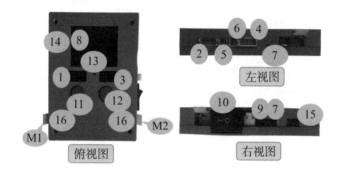

K_Mon 控制板端口功能表

序号	端口	功能说明
1	模拟输入口（ADC 1-6）	用于连接各种传感器,返回数值为 0—1023
2	模拟输入口（EADC 1-8）	用于连接各种传感器,返回数值为 0—1023,一般用于连接红外复眼传感器
3	数字输入输出口（I/O 1-6）	可以连接各种数字传感器,如微动开关等,返回数值为 0 或 1;也可以连接各种输出模块,如发光模块;其中 3—6 端口还可以连接伺服电机

（续表）

序号	端口	功能说明
4	指南针专用口（UART 2）	用于连接数字指南针传感器，返回数值为 0—359
5	ⅡC 口	用于连接扩展模块，比如倾角传感器、电子陀螺仪等
6	串口（UART 3）	用于连接外设，比如摄像头、蓝牙手柄、蓝牙无线通信、蓝牙 App 等
7	拨盘	程序选择拨盘，用于选择机器人的运行程序
8	显示屏	机器人显示设备
9	电源输入端口	连接电源时注意电源的正负极
10	电源开关	用于接通主板电源
11	复位按钮	停止程序
12	运行按钮	运行程序
13	电源指示灯	通电亮，断电灭
14	蜂鸣器	机器人的发音装置
15	USB 下载口	用于机器人与计算机通信、下载程序等
16	电机口	用于连接直流电机
17	辅助电机接口	一般用于连接小功率的直流电机

K_Mon 控制板对应芯片引脚如下所示:

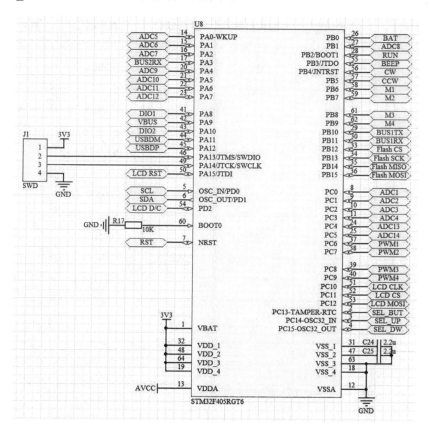

STM32F405RGT6 芯片引脚

主板端口	芯片端口	芯片引脚	主板端口	芯片端口	芯片引脚
ADC 1	PA 4	20	MOTOR 1	PC 6	37
ADC 2	PA 5	21	MOTOR 1	PC 7	38
ADC 3	PA 6	22	MOTOR 2	PC 8	39
ADC 4	PA 7	23	MOTOR 2	PC 9	40
ADC 5	PC 4	24	运行键	PB 2	28

（续表）

主板端口	芯片端口	芯片引脚	主板端口	芯片端口	芯片引脚
ADC 6	PC 5	25	exmotor	PB 4	56
EADC 1	PC 1	9		PB 5	57
EADC 2	PC 3	11	IIC	PD 1(SDA)	6
EADC 3	PA 1	15		PD 0(SCL)	5
EADC 4	PB 1	27	UART3	PB 10(TX)	29
EADC 5	PC 0	8		PB 11(RX)	30
EADC 6	PC 2	10	UART2	/	/
EADC 7	PA 0	14		PA 3(RX)	17
EADC 8	PA 2	16	拨码	PC 14（上）	3
IO 1	PA 8	41		PC 15（下）	4
IO 2	PA 10	43		PC 13（选择）	2
IO 3	PB 6	58	蜂鸣器	PB 3	55
IO 4	PB 7	59		/	/
IO 5	PB 8	61		/	/
IO 6	PB 9	62		/	/

A. 主板（控制器）

控制器是机器人最核心的部分，相当于机器人的大脑，它决定了机器人应该执行什么命令。它有很多端口，我们先来了解其中 4 个，包括复位和运行按键、开关、USB 下载口。

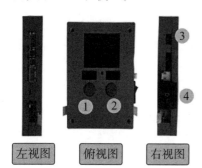

左视图　俯视图　右视图

序号	名称	说明
1	复位按键	终止程序，回到主界面
2	运行按键	运行当前程序
3	开关	接通主板电源
4	USB 下载口	用于机器人与计算机通信、下载程序等

B. 流程图编程软件环境

我们选择使用 Buddy Robot Developer KM1.1 软件，双击桌面图标后，进入一个"新建"对话框，会显示"C 流程图"和"C 源代码"两种编程模式。我们选择第一种"C 流程图"模式后，点击"确定"按钮，即进入流程图编程界面。

如下图所示，该软件界面主要由菜单栏、工具栏、模块库、流程图编辑区、流程图 / 代码切换和编译结果区组成。

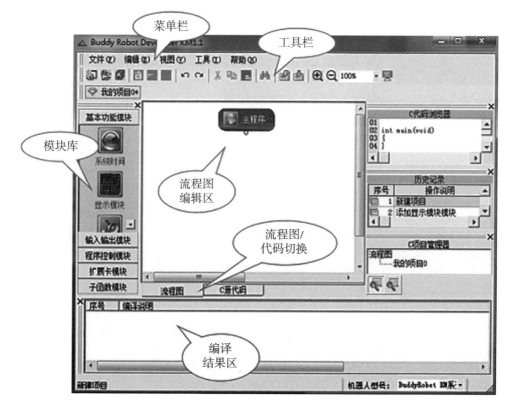

C. 程序下载

程序编写完成后，我们需要将程序下载到机器人中，机器人才能接收到我们的程序指令。

下载方法：使用 USB 连接线将主板和电脑连接；用鼠标左键单击工具栏上的"下载"按钮，当软件界面出现"下载完成"字样时，点击"确定"，拔出 USB 连接线即可。

注意：下载程序前，记得先按一下机器人控制板上的复位按钮；另外，电脑不可插入 U 盘等移动存储设备，否则程序会默认下载到移动存储设备。

后　记

　　嘉定一中的智能机器人课程是以嵌入式控制课程为起点的一个特色选修课程，至今已有近20年的历史，而我也坚持担任了近20年的指导教师。

　　21世纪初，随着大规模集成电路的发展以及计算机在社会各领域的渗透，单片机的应用越来越广泛。2006年，学校结合时代的发展以及学生的需求，开设了以单片机控制为主要内容的嵌入式控制课程。该课程让学生了解了单片机控制系统的开发步骤以及软件设计的基本方法，得到了很多动手实践操作的机会。逐渐地，学生不再满足于对单个被控对象的控制，于是，我在课程中逐步引入机器人设计与开发的相关内容。这本书的诞生，是我个人对机器人课程开发实践过程的梳理与总结。

　　在课程开发实施过程中，我深感智能机器人技术的飞速发展，从最初简单的机械臂，到如今能够自主感知、决策、执行的复杂系统，似乎不管课程内容如何快速地迭代更新，都赶不上技术发展的步伐。那么，我们的课程到底应该带给学生什么？我想除了掌握机器人技术之外，更需要培养学生解决实际问题的能力，会自主探究、举一反三、迁移应用，不会因为技术的发展或问题情境的变化而茫然无措。因此在课程开发过程中，我坚持立德树人的课程价值观，思考技术给人类社会带来的机遇和挑战，通过一系列具有代表性的项目实践，引导学生理解知识与问题解决之间不断相互促进和不断迭代的关系。学生从寻求项目实施所需的知识和技能应用的过程中形成数字化学习和创新能力，从而成长为"有效的技术使用者、创新的技术设计者和理性的技术反思者"。

　　课程的开发与实践是一个在困难中探索、在挫折中思考，从而不断前行的过程，而在这个过程中，更是离不开专家的指导和学校的帮助。在此，谨向所有为本书提供过指导与帮助的专家表示衷心的感谢，也感谢学校为师生搭建的优质科创教育平台。当然，我也深知本书还存在一些不足之处。在未来的日子里，我将继续深入研究和实践。

严安东

2024年2月